中国铁建股份有限公司企业标准

农村公路桥梁技术指南

Technical Guide for Rural Road Bridges

Q/CRCC 23203—2023

主编单位：中铁二十四局集团有限公司
　　　　　中铁第四勘察设计院集团有限公司
批准单位：中国铁建股份有限公司
施行日期：2024 年 05 月 01 日

人民交通出版社股份有限公司

2024·北京

图书在版编目（CIP）数据

农村公路桥梁技术指南／中铁二十四局集团有限公司，中铁第四勘察设计院集团有限公司主编. —北京：人民交通出版社股份有限公司，2024.2
ISBN 978-7-114-19410-8

Ⅰ.①农… Ⅱ.①中…②中… Ⅲ.①农村道路—公路桥—桥梁工程—指南 Ⅳ.①U448.14-62

中国国家版本馆CIP数据核字（2024）第039561号

标准类型：	中国铁建股份有限公司企业标准
标准名称：	农村公路桥梁技术指南
标准编号：	Q/CRCC 23203—2023
主编单位：	中铁二十四局集团有限公司
	中铁第四勘察设计院集团有限公司
责任编辑：	曲 乐　高鸿剑
责任校对：	孙国靖　宋佳时
责任印制：	刘高彤
出版发行：	人民交通出版社股份有限公司
地　　址：	（100011）北京市朝阳区安定门外外馆斜街3号
网　　址：	http://www.ccpcl.com.cn
销售电话：	(010)59757973
总 经 销：	人民交通出版社股份有限公司发行部
经　　销：	各地新华书店
印　　刷：	北京印匠彩色印刷有限公司
开　　本：	880×1230　1/16
印　　张：	6.75
字　　数：	142千
版　　次：	2024年2月　第1版
印　　次：	2024年2月　第1次印刷
书　　号：	ISBN 978-7-114-19410-8
定　　价：	52.00元

（有印刷、装订质量问题的图书，由本公司负责调换）

中国铁建股份有限公司文件

中国铁建科创〔2023〕99 号

关于发布《高速铁路轨道及线下结构服役状态监测技术规程》等 12 项中国铁建企业技术标准的通知

各区域总部，所属各单位、各直管项目部：

现批准发布《高速铁路轨道及线下结构服役状态监测技术规程》（Q/CRCC 12501—2023）、《铁路工程布袋注浆桩技术规程》（Q/CRCC 13101—2023）、《城市轨道交通信息模型施工应用指南（土建部分）》（Q/CRCC 32301—2023）、《河道生态治理技术规程》（Q/CRCC 33701—2023）、《铁路物联网信息通信总体框架》（Q/CRCC 13801—2023）、《轨道交通接触网大数据基本要求》（Q/CRCC 13701—2023）、《接触网在线监测信息感知装置》（Q/CRCC 13702—2023）、《桥梁转体技术规程》（Q/CRCC 23202—2023）、《铁路隧道机械化施工技术指南》（Q/CRCC 13301—2023）、《装配式挡土墙技术规程》（Q/CRCC 23303—2023）、《农村公路桥梁技术指南》（Q/CRCC 23203—2023）和《工程施工废弃物再生集料应用技术标准》（Q/CRCC 23304—2023），自 2024 年 5 月 1 日起实施。

以上标准由人民交通出版社股份有限公司出版发行。

中国铁建股份有限公司
2023 年 11 月 10 日

前　言

本指南是根据中国铁建股份有限公司"关于下达《2022 年中国铁建企业技术标准编制计划》的通知"（中国铁建科创函〔2022〕15 号）的要求，由中铁二十四局集团有限公司、中铁第四勘察设计院集团有限公司共同编制完成。

在本指南编制过程中，编制组进行了深入调查研究，系统地总结工程实践经验，参考了有关先进标准，广泛征求有关单位和专家的意见，并与相关标准进行了协调。本指南经反复讨论、修改，由中国铁建股份有限公司科技创新部审查定稿。

本指南共分 8 章和 6 个附录，主要技术内容包括：1 总则；2 术语；3 基本规定；4 材料；5 设计；6 施工；7 质量检验评定；8 养护与管理。

本指南由中国铁建股份有限公司科技创新部负责管理，由中铁二十四局集团有限公司、中铁第四勘察设计院集团有限公司负责具体技术内容解释。指南执行过程中如有意见或建议，请寄送中铁二十四局集团有限公司（地址：上海市杨浦区邯郸路 8 号，邮编：200433；电子邮箱：liuyimin.24g@ crcc. cn），以供今后修订时参考。

主 编 单 位：中铁二十四局集团有限公司
　　　　　　　中铁第四勘察设计院集团有限公司

主要起草人员：周伟明　文望青　唐宏华　侯卫超　朱孟君　李士军
　　　　　　　余海堂　赵　亮　杨湘军　李　俊　刘逸敏　张先亮
　　　　　　　徐　岩　盛　康　杨　东　郭　静　郑建民　张宜柳
　　　　　　　刘　洋　严来章　后少平　翟　锋　周　洋　王　沛
　　　　　　　张　博

主要审查人员：代敬辉　贾志武　张立青　李凤伟　杜晓庆　刘　超
　　　　　　　王海春　张龙伟　于增明　刘成和　王春晓　宗　昕
　　　　　　　杨运娥　胡　隽　高作庆　周超舟　李承根　齐　新
　　　　　　　刘延龙　王会丽　李国生　罗华春

目　次

1 总则 ·· 1
2 术语 ·· 2
3 基本规定 ··· 4
4 材料 ·· 5
   4.1 混凝土和圬工材料 ··· 5
   4.2 金属材料 ·· 5
   4.3 其他材料 ·· 6
5 设计 ·· 7
   5.1 一般规定 ·· 7
   5.2 技术标准 ·· 8
   5.3 总体设计 ·· 9
   5.4 结构及构造设计 ··· 15
6 施工 ·· 26
   6.1 一般规定 ·· 26
   6.2 模板与混凝土 ··· 27
   6.3 钢筋与预应力筋 ··· 28
   6.4 上部结构 ·· 29
   6.5 下部结构 ·· 33
   6.6 圬工结构 ·· 35
   6.7 改扩建桥梁施工 ··· 35
   6.8 桥面及附属设施 ··· 36
   6.9 安全施工 ·· 38
   6.10 环境保护 ·· 43
   6.11 文明施工 ·· 44
7 质量检验评定 ··· 45
   7.1 一般规定 ·· 45
   7.2 质量检验 ·· 45
   7.3 质量评定 ·· 47
   7.4 桥梁总体 ·· 47

7.5	钢筋加工及安装	48
7.6	砌体	49
7.7	基础	51
7.8	混凝土墩、台身	53
7.9	装配式梁、板预制安装	55
7.10	就地浇筑梁、板、拱圈	56
7.11	组合结构桥梁	57
7.12	钢结构桥梁	58
7.13	桥面及附属设施	61

8 养护与管理

8.1	一般规定	72
8.2	养护内容	74
8.3	养护作业安全	78
8.4	防灾与突发事件处理	79
8.5	养护作业管理	81
8.6	技术管理	81

附录 A 单位及分项工程划分 ……………………………………………… 83

附录 B 结构混凝土外观质量限制缺陷 ……………………………………… 84

附录 C 水泥砂浆强度评定 ………………………………………………… 86

附录 D 水泥混凝土抗压强度评定 ………………………………………… 87

附录 E 防水层与混凝土间正拉黏结强度评定 …………………………… 88

附录 F 压实度评定 …………………………………………………………… 90

本指南用词用语说明 ……………………………………………………… 92

引用标准名录 ………………………………………………………………… 93

涉及专利和专有技术名录 …………………………………………………… 95

Contents

1 **General Provisions** ··· 1
2 **Terms** ··· 2
3 **Basic Requirements** ·· 4
4 **Materials** ··· 5
    4.1 Concrete and Masonry Materials ··· 5
    4.2 Metallic Materials ·· 5
    4.3 Other Materials ·· 6
5 **Design** ·· 7
    5.1 General Requirements ·· 7
    5.2 Technical Standards ·· 8
    5.3 Preliminary Design ··· 9
    5.4 Structure and Structure Design ··· 15
6 **Construction** ··· 26
    6.1 General Requirements ·· 26
    6.2 Formwork and Concrete ··· 27
    6.3 Reinforcement and Prestressed Reinforcement ························· 28
    6.4 Superstructure ·· 29
    6.5 Substructure ·· 33
    6.6 Masonry Structure ··· 35
    6.7 Reconstruction and Expansion Bridge Construction ················· 35
    6.8 Bridge Deck and Ancillary Facilities ··· 36
    6.9 Safety Construction ··· 38
    6.10 Environmental Protection ·· 43
    6.11 Civilized Construction ·· 44
7 **Quality Inspection and Evaluation** ··· 45
    7.1 General Requirements ·· 45
    7.2 Quality Inspection ··· 45
    7.3 Quality Assessment ··· 47
    7.4 Overall Bridge ·· 47

7.5	Reinforcement Processing and Installation	48
7.6	Masonry	49
7.7	Foundation	51
7.8	Concrete Pier and Abutment Body	53
7.9	Prefabrication and Installation of Fabricated Beams and Slabs	55
7.10	Cast in Situ Beam Slab and Arch Ring	56
7.11	Composite Structure Bridge	57
7.12	Steel Structure Bridge	58
7.13	Bridge Decks and Ancillary Facilities	61

8 Maintenance and Management ... 72

8.1	General Requirements	72
8.2	Maintenance Content	74
8.3	Maintenance Operation Safety	78
8.4	Disaster Prevention and Emergency Response	79
8.5	Maintenance Operation Management	81
8.6	Technical Management	81

Appendix A Division of Unit and Subdivisional Works ... 83

Appendix B Defects Limiting the Appearance Quality of Structural Concrete ... 84

Appendix C Strength Evaluation of Cement Mortar ... 86

Appendix D Evaluation of Compressive Strength of Cement Concrete ... 87

Appendix E Evaluation of Bonding Strength Between Waterproof Layer and Concret ... 88

Appendix F Evaluation of Compaction Degree ... 90

Explanation of Wording in This Guide ... 92

List of Quoted Standards ... 93

List of Patents and Proprietary Technologies ... 95

1 总则

1.0.1 为适应农村公路桥梁建设需要，提高设计、施工、养护等技术水平，统一技术准则，保证工程质量和施工安全，制定本指南。

1.0.2 本指南适用于新建或改扩建农村公路桥梁设计、施工、验收、养护和管理。

条文说明

随着国家乡村振兴战略的全面实施和交通基础设施建设的不断完善，农村公路桥梁作为高等级或下线公路桥梁的延伸，具有分布广泛、设计标准不统一、施工水平参差不齐、运营时间长、养护管理不到位等特点。在建设标准上还缺少相应的设计、施工、养护及管理方面的规范或标准。执行现有国家或行业标准，存在匹配度差，针对性和指导性不强，设计、施工及养护细节方面无法体现农村公路桥梁特点等诸多问题。在做好与现有国家、行业标准协调匹配的基础上，编制本指南。

1.0.3 农村公路桥梁设计、施工、养护采用的新技术、新材料、新工艺、新设备应按有关规定执行。

1.0.4 农村公路桥梁建设除应符合设计文件的规定外，还应满足安全、耐久，注重节约用地，降低能源和材料消耗，保护环境和历史文化遗存的要求。

1.0.5 农村公路桥梁建设在满足使用功能的前提下，还应与农村人居环境治理、美丽宜居乡村建设、三农产业发展相结合，服务乡村振兴战略，提高综合服务水平。

1.0.6 农村公路桥梁设计、施工、验收、养护和管理除应执行本指南外，尚应符合国家、行业及中国铁建股份有限公司现行企业技术标准的规定。

2 术语

2.0.1 农村公路桥梁 rural road bridge

纳入农村公路规划，服务农村生产、生活，按照公路工程相关技术标准修建于县道、乡道、村道上的桥梁及其所属设施。

条文说明

根据《农村公路养护管理办法》（交通运输部令2015年第22号）和《农村公路建设管理办法》（交通运输部令2018年第4号），农村公路是指纳入农村公路规划，并按照公路工程技术标准修建的县道、乡道、村道及其所属设施，包括经省级交通运输主管部门认定并纳入统计年报里程的农村公路。考虑到目前纳入规划的农村公路均已纳入统计年报里程，因此在农村公路的定义中，删去了"经省级交通运输主管部门认定并纳入统计年报里程"的要求。基于上述关于农村公路的定义并结合农村公路的特点，对农村公路桥梁进行定义。

2.0.2 县道 county road

除国道、省道以外的县际间公路及连接县级人民政府所在地与乡镇人民政府（街道办事处）所在地和主要商品生产、集散地的公路。

2.0.3 乡道 township road

除县道及县道以上等级公路以外的乡际间公路及连接乡镇人民政府（街道办事处）所在地与建制村的公路。

2.0.4 村道 village road

除乡道及乡道以上等级公路以外的连接建制村与建制村、建制村与自然村（屯）、自然村（屯）与自然村（屯）的公路，建制村与外部的公路，但不包括村内街巷和农田间的机耕道。

2.0.5 密肋T梁 multi-ribbed T-beam

与常规T梁相比，梁的高度较低、肋间距较密的T梁。

2.0.6 槽形梁　channel beam

桥面高度低于主梁的槽形半穿式梁。

2.0.7 UHPC-NC 组合梁　UHPC-NC composite beam

主梁部分采用倒 T 形、I 形或工字形超高性能混凝土(UHPC)预制结构，桥面板部分采用常规混凝土(NC)现浇结构的组合梁。

2.0.8 专业化养护　professional maintenance

专业队伍利用专业的机械设备实施的农村公路桥梁养护工作。

2.0.9 群众性养护　non-professional maintenance

非专业队伍利用简易工具实施的农村公路桥梁养护工作。

2.0.10 关键项目　dominant item

分项工程中对结构安全、耐久性和主要使用功能起决定性作用的检查项目，在本指南中以"△"标识。

3 基本规定

3.0.1 农村公路桥梁建设应遵循以人为本、统筹规划、分级负责、安全至上、环保节约、确保质量、因地制宜、经济适用的原则。

3.0.2 农村公路桥梁建设应遵守基本建设程序，执行国家、行业有关规定，由建设单位组织开展安全风险评估，改善安全生产条件。

3.0.3 农村公路桥梁建设应落实对基本农田、林地、水源等生态环境及对水利设施、文物古迹等保护区域依法保护的规定。

3.0.4 农村公路桥梁建设宜推行现代工程管理"发展理念人本化、项目管理专业化、工程施工标准化、管理手段信息化、日常管理精细化"的五化建设要求。

3.0.5 农村公路桥梁应发挥交通安全设施的功能，且其交通安全设施应与土建工程同时设计、同时施工、同时投入使用。

3.0.6 农村公路桥梁施工涉及重要施工工艺或分项工程、危险性较大的工程、临时受力结构及大型临时设施应编制专项施工方案并经报批后方可实施，且施工方案实施前应逐级进行技术交底。

3.0.7 农村公路桥梁养护应结合养护检查等级开展，对检查发现的病害应制定相应的养护、维修方案并及时处置。

3.0.8 农村公路桥梁建设应建立工程建设档案管理制度，按档案管理规定和公路工程交、竣工验收办法开展工程建设档案收集、整理、归档等工作。

3.0.9 农村公路桥梁施工应遵守国家建设工程质量方面的法律法规，建立健全质量保证体系，明确质量责任，加强质量管理，保证工程质量。

3.0.10 农村公路桥梁施工应遵守国家安全生产的有关法律法规，建立健全安全生产管理体系，明确安全责任，执行安全操作规程，确保建设人员的职业健康，保证施工安全。

4 材料

4.1 混凝土和圬工材料

4.1.1 普通混凝土设计指标应符合现行行业标准《公路钢筋混凝土及预应力混凝土桥涵设计规范》（JTG 3362）的有关规定。

4.1.2 钢纤维混凝土设计指标应符合现行行业标准《钢纤维混凝土》（JG/T 472）的有关规定。

4.1.3 超高性能混凝土（UHPC）设计指标应符合现行国家标准《活性粉末混凝土》（GB/T 31387）和现行行业标准《公路装配式混凝土桥梁设计规范》（JTG/T 3365-05）的有关规定。

4.1.4 圬工材料设计指标应符合现行行业标准《公路圬工桥涵设计规范》（JTG D61）的有关规定。

4.2 金属材料

4.2.1 普通钢筋、预应力钢筋设计指标应符合现行行业标准《公路钢筋混凝土及预应力混凝土桥涵设计规范》（JTG 3362）的有关规定。

4.2.2 钢筋焊接网设计指标应符合现行国家标准《钢筋混凝土用钢 第3部分：钢筋焊接网》（GB/T 1499.3）的有关规定。

4.2.3 钢材及连接材料设计指标应符合现行行业标准《公路钢结构桥梁设计规范》（JTG D64）的有关规定。

4.2.4 圆柱头焊钉连接件设计指标应符合现行国家标准《电弧螺柱焊用圆柱头焊钉》（GB/T 10433）的有关规定。

4.3 其他材料

4.3.1 装配式混凝土桥梁各构件连接材料设计指标应符合现行行业标准《公路装配式混凝土桥梁设计规范》(JTG/T 3365-05) 的有关规定。

4.3.2 水泥混凝土桥面铺装层内玄武岩纤维增强复合材料设计指标应符合现行国家标准《土木工程结构用玄武岩纤维复合材料》(GB/T 26745) 的有关规定。

4.3.3 桥面防水材料设计指标应符合现行行业标准《城市桥梁桥面防水工程技术规程》(CJJ 139) 的有关规定。

5 设计

5.1 一般规定

5.1.1 农村公路桥梁设计应遵循安全耐久、经济适用、绿色环保、因地制宜、利于养护、节约资源的原则，并吸收当地工程成熟经验。

5.1.2 农村公路桥梁设计应考虑地质、水文、通航、防洪等条件，合理确定桥梁规模、基础形式及埋置深度，加强桥台及桥头引道的路基防护，提高抗冲刷、抗水毁能力。

5.1.3 农村公路桥梁设计应进行水文地质勘察和计算，勘探方法及工作量应根据现场地形地质条件、结构类型、相关规范标准等综合确定。

5.1.4 跨越深沟、大河、通航河道、海域的桥梁，当桥梁主跨跨径大于50m或总长度不小于200m时，其技术等级应符合现行行业标准《公路工程技术标准》（JTG B01）的有关规定，并宜结合规划提高技术等级。

条文说明

跨深沟大河的桥梁、平原水网地带的航道桥、海岛连通工程中跨海桥梁，宜采用较大的跨径及桥梁总长，如采用主跨大于50m的非标准跨径的桥型，或者当桥梁总长度不小于200m（2倍大桥标准）时，采用三级公路30km/h、40km/h的桥梁断面宽度与采用四级公路（Ⅰ类）的桥梁断面宽度相比分别增加1m、2m，设计荷载等级和设计洪水频率等标准提高对总造价的影响并不明显，但大跨径桥梁或长桥建设完成后改造难度大，适当超前建设有利于农村公路桥梁升级改造。

5.1.5 桥型方案选择和桥梁景观设计应综合考虑当地经济发展、历史文化和民族特色等人文自然环境。

5.1.6 在满足结构整体受力要求和运输、吊装条件的基础上，宜采用预制装配式桥梁结构方案。

条文说明

农村公路桥梁建设条件各异，运输和吊装条件往往受限，项目是否适合采用预制拼装技术，应综合考虑运输和吊装条件、桥梁预制构件分块分段对整体受力的影响、工程造价等因素。

5.1.7 桥梁主体结构和可更换部件的设计使用年限应符合现行行业标准《小交通量农村公路工程技术标准》（JTG 2111）的有关规定。

5.1.8 桥上管线敷设应符合现行行业标准《城市桥梁设计规范（2019年版)》（CJJ 11）的有关规定。

5.2 技术标准

5.2.1 农村公路桥梁分类及孔径应符合下列规定：
1 桥梁分类应符合现行行业标准《公路工程技术标准》（JTG B01）的有关规定。
2 桥梁跨径在40m及以下时，宜采用标准化跨径。采用标准化跨径的桥梁宜采用工厂化施工。桥梁标准化跨径规定如下：5m、6m、8m、10m、13m、16m、20m、25m、30m、35m、40m。

5.2.2 农村公路桥梁设计洪水频率应符合下列规定：
1 大、中桥设计洪水频率应采用1/50。
2 小桥设计洪水频率应采用1/25。
3 作为进村镇重要通道或有防灾抗洪需求的桥梁，在河床比降大、易于冲刷的情况下，设计洪水频率宜提高一级，大、中桥采用1/100，小桥采用1/50。
4 农村公路桥梁通过河道总体防洪标准较低的地区，当按上述洪水频率设计，导致桥面高程较高，与路线衔接困难时，可按相交河道或排洪沟渠的规划洪水频率设计，但应确保桥梁结构在上述洪水频率下处于安全状态。
5 漫水桥的设计洪水频率，应根据容许阻断交通的程度和时间长短、桥梁结构形式、水文情况、引道条件及对上下游耕地和村镇的影响等因素确定。

5.2.3 农村公路桥梁净宽应符合下列规定：
1 当路基宽度为12m和10m时，桥梁外缘与路基同宽。
2 8.5m及以下路基宽度对应桥面净宽应不小于路面宽度（含硬化的路肩），大、中桥桥面净宽可按不小于6.0m设计，经调查需通行特殊农业机械时按实际需求确定。
3 村镇路段桥梁宜在两侧设置人行道。人行道净宽宜为1.0m；大于1.0m时，应按0.5m的级差增加。
4 人行道与行车道宜分离设置，可通过设置护栏或路缘石等分隔设施进行分离。

5 路、桥不同宽度间应顺适过渡，渐变率不应大于 1/15，渐变段长度不应小于 15m，渐变段进入平交口范围时还应满足平交口设计要求。
6 桥上设置的各种管线、交通安全设施等不得侵入桥梁建筑限界。

5.2.4 农村公路桥下净空应符合下列规定：
1 通航河流桥下净空应符合通航标准要求。
2 跨线桥桥下净空应符合被交叉的公路、铁路及其他道路等建筑限界规定。
3 桥下净空应考虑排洪、流水、漂流物、冰塞及河床冲淤等情况。

5.2.5 农村公路桥上线形与桥头引道应符合下列规定：
1 桥梁及其引道的平、纵、横断面技术指标应与路线总体布设相协调，桥头两端引道的线形应与桥梁的线形相匹配。
2 大、中桥的桥上纵坡不宜大于4%，桥头引道纵坡不宜大于6%；小桥的桥上纵坡应符合路线纵坡设计要求，且不应大于9%，并应对梁板采取纵向防滑移措施。
3 易结冰、积雪的桥梁，桥上纵坡不宜大于3%。
4 位于村镇混合交通繁忙处的桥梁，桥上纵坡和桥头引道纵坡均不应大于3%。
5 桥梁及其引道路段的视距应符合现行行业标准《小交通量农村公路工程设计规范》（JTG/T 3311）的有关规定，对路线几何指标低、线形组合复杂、路侧设有高边坡或构筑物、平面交叉等可能存在视距不良的路段和区域应进行视距检验，必要时应采取相关措施。

5.2.6 桥梁结构作用的分类、代表值、作用组合及结构重要性系数的取值，应符合现行行业标准《公路桥涵设计通用规范》（JTG D60）的有关规定。

5.2.7 新建农村公路桥梁的设计汽车荷载等级不应低于公路-Ⅱ级。交通组成中重载交通比重较大的公路或有条件时，设计汽车荷载等级宜采用公路-Ⅰ级。当地方标准有特殊要求或桥梁需通行农耕机械等特殊交通需求时，农村公路桥梁还应满足相关规定和要求。

5.2.8 农村公路桥梁抗震设计应满足现行行业标准《公路桥梁抗震设计规范》（JTG/T 2231-01）的有关规定。

5.3 总体设计

5.3.1 桥梁总体设计应符合下列规定：
1 桥位宜选择河道顺直、水流稳定、河床地质良好的河段，宜避开断层、滑坡、岩溶、泥石流等不良地质地段，不宜选择在河汊、沙洲、古河道、急弯、汇合口、港口作业区及易形成流冰、流木阻塞的河段。

2 当跨越宽浅河谷区、游荡河段时，桥梁跨径布设不宜压缩河床；根据流量计算可适当压缩河床时，应结合河道情况设置导流工程，且桥梁宜正交布置。

3 当跨越多年冻土地区常流水的河沟时，桥梁孔径及桥下净空除应满足正常泄洪要求外，还应适当加大跨径和桥下净空，并采取防漂浮物撞击措施。

4 当跨越泥石流高发区域时，宜修建单孔桥，跨径不宜过小；条件受限时可采用过水路面。

5 当交通容许有限度的中断时，可修建漫水桥。

6 桥位河段的天然河道不宜开挖或改移。开挖、改移河道应具有较好的经济效益和可靠的安全措施，并与桥梁主体工程同时施工。

7 墩台布设时，宜避开断层、挤压破碎带、不利顺层、滑坡、崩塌体、堆积体、岩溶发育区、黄土陷穴及暗洞等不良地质地段；不得在活动断层内、不稳定的滑体、堆积体内及受其影响的区域内设置墩台。

8 跨越堤防的桥梁，墩台的位置宜位于防洪堤坡脚以外，并根据需要对堤岸进行必要的防护。确有困难时，桥墩可设于堤岸的背水坡上，宜采用高承台桩基础，承台施工宜不挖或少挖堤岸，并宜在堤坡外不低于承台顶面填筑平台。

9 桥梁布置应考虑桥位上下游已建或拟建水利工程、航道码头和管线等设施引起河床演变的影响。

5.3.2 平原河网地区桥梁应符合下列规定：

1 应保持原有道路、水系及排灌系统的畅通，宜避免在宽度不大的河道内设墩。

2 穿越洪泛区时，宜采用长桥通过；当洪泛区宽度较大，水深较浅，其内有支汊流或较明显的分水高地、高滩，且技术经济等适宜时，可采用"一河多桥"方案。

3 应考虑壅水对农田及既有建筑物的影响。

5.3.3 山区桥梁布置应符合下列规定：

1 桥梁布设应减少对山体的开挖，降低开挖边坡的高度；应重视环保及水土保持的要求，减少对植被的破坏。

2 山区桥梁的桥台宜设于挖方内或路基填挖交界处附近，不应在纵横向较陡的山坡上设置锥体，必要时可根据地形延长台身长度或桥孔。

3 陡峭坡顶、陡坎和峭壁上方的墩台应置于山坡或岩体稳定安全坡线的后方。

4 桥墩应避免设在陡峭山坡上或陡坎边，不宜采用大开挖、高刷坡设墩；需要时可视地形条件采用不等跨布置、加大孔跨或采用特殊结构桥梁等方案跨越。

5 深谷河沟中，不宜设置桥墩；如不能避免时，桥墩基础应有足够的埋置深度，并应采取适当的防护措施。

5.3.4 库区桥梁布置应符合下列规定：

1 库区桥梁布置应考虑修建水库引起的河流状态的改变及可能产生的各种不利因素。

2 在水库蓄水影响区内时，桥位宜选在库面较窄、岸坡稳定、泥沙沉积较少的地段；在封冰地区时，桥位不应选在回水末端、容易形成冰坝的地段。

3 桥址位于水库下游时，桥位宜选在下游集中冲刷影响范围以外的区域。

4 设在水库淹没范围及水坝下游的桥梁，设计流量计算应符合现行行业标准《公路工程水文勘测设计规范》（JTG C30）的有关规定。

5 跨越水库的桥梁，墩台不宜设置在岸坡消落带上；如不能避免时，应考虑岸坡稳定对基础的影响。

6 跨越水库支沟的农村公路宜采用桥梁通过；必须设涵洞时，涵洞出入口应布置在水库正常蓄水位以上。

5.3.5 软土地区桥梁布置应符合下列规定：

1 墩台宜选择在软土层较薄、土的性能指标相对较好处布设，宜避开河道（湖、塘）和土质特别松软处。

2 桥台位置应根据台后路基稳定性的需要，预留设置台前反压或放缓台前岸坡所需的位置，堤岸处桥台宜设在堤岸背水坡的坡脚外。

3 桥墩不应设置在地面高差较大处；如不能避免时，应考虑周边不平衡荷载对基础产生的附加水平力的影响。

4 桥梁结构宜采用静定结构或框架整体式结构。

5 桥头路堤和桥台填方应满足稳定性要求，必要时进行地基处理。

5.3.6 岩溶地区桥梁布置应符合下列规定：

1 岩溶地区桥梁应根据溶沟、溶槽、溶洞、漏斗、暗河等分布和发育情况进行桥跨布置，应避免在施工难度很大处修建墩台，可视岩溶分布情况采用较大的跨度跨越岩溶发育地段。

2 岩溶地区覆盖层较厚，且处于无岩溶塌陷等地段的桥梁，可采用跨度适宜的梁式桥，将墩台基础置于覆盖层内，可视地基条件采用钢筋混凝土筏式浅基础或桩长较短的桩基础。

3 当地基、桥高、景观等条件适宜时，可采用板（筏）式基础的连续刚架或框架桥。

5.3.7 桥梁跨径选择应考虑各项控制因素综合比选确定，桥梁建议跨径与平均墩高的对应关系宜按表5.3.7的规定确定。

表5.3.7 桥梁建议跨径与平均墩高的对应关系

平均墩高 H	建议跨径	平均墩高 H	建议跨径
$H \leq 5m$	5m、6m、8m、10m	$15m \leq H \leq 25m$	25m、30m
$H \leq 12m$	10m、13m、16m、20m	$25m \leq H \leq 35m$	35m、40m
$H \leq 20m$	20m、25m	$30m \leq H \leq 45m$	40m

条文说明

桥梁跨径选择需考虑的因素较多，在初步设计阶段应结合项目特点或独立桥梁具体情况进行桥梁经济跨径综合比选，表5.3.7仅给出了常规桥梁考虑整体协调性的桥梁建议跨径和平均墩高对应关系，具体设计时，还应根据桥梁的服务功能及其他控制因素综合研究确定合理的跨径。

5.3.8 桥梁上部结构设计应符合下列规定：

1 常规桥梁上部结构梁板宜采用集中预制、现场安装施工，并应根据项目的建设条件进行综合比选。除特殊和复杂桥梁外，上部结构形式宜按如下原则选择。

　1）大、中桥：当选择跨径大于等于20m时，宜采用20m、25m、30m、35m、40m装配式预应力混凝土组合箱梁或T梁。

　2）中、小桥：当选择跨径小于等于20m时，可采用10m、13m、16m、20m装配式预应力混凝土空心板或矮T梁。

2 桥梁较少且较分散，场地地势复杂且没有很好的运输通道或预制场地困难时，桥梁上部可采用现浇结构，其跨径小于等于16m时可采用钢筋混凝土现浇板或现浇肋板式梁，跨径大于16m时可采用预应力混凝土现浇箱梁。

3 基础承载力较好时，可修建拱式桥梁；当地石材丰富且具备相应的施工工艺时，可采用石拱桥。

4 桥梁宽度较小，且桥下净空受限时，上部结构可采用混凝土槽形梁。

5 漫水桥上部结构可采用预应力混凝土矮T梁、混凝土现浇肋板式梁或钢筋混凝土现浇板等。

6 既有桥梁改造且利用下部结构时，上部结构可采用装配式钢箱梁、钢混组合梁及预制UHPC-NC组合梁等轻质结构。

7 斜交桥梁的斜交角度不宜大于45°，弯桥单孔梁板式桥的圆心角不应大于20°，多孔连续弯梁桥每跨圆心角不应大于40°。

8 异形梁桥或板桥的跨径不宜大于30m，条件允许时连续梁板的中间墩柱宜与上部结构固结。

条文说明

中小跨径拱桥宜采用钢筋混凝土板拱桥或石拱桥，两种拱桥对地基要求均较高。石拱桥的施工工艺要求高，且石料开采加工周期长，目前应用相对较少，故仅在石料丰富且施工工艺具备的地区采用。

对于部分宽度较小的桥梁，因接线条件限制，应降低桥梁建筑高度时，槽形梁可作为备选方案。槽形梁桥的建筑高度低，其底板厚度主要受桥宽控制，可为主梁间距的1/12~1/6，较现浇板结构跨越能力强，且可根据跨度调整两侧主梁高度。另外，两侧主梁可兼作防撞护栏，在一定条件下具有其适用性。

农村公路桥梁改造过程中，上部结构梁板病害严重必须更换而桥梁下部结构完好的情况下，可采用仅更换上部结构的方案。为减小上部结构重量，确保结构地基承载力满足要求，加快施工工期，采用轻质高强的装配式上部结构类型是经济可行的。UHPC-NC组合梁自重较轻，方便吊装，结构耐久性好，与钢桥和钢混组合梁桥相比可免于后期维护，在一定条件下可推广采用。

5.3.9 桥梁下部结构设计应符合下列规定：

1 当岩层裸露或持力层埋置深度小于3m时，宜采用扩大基础，其他情况宜采用桩基础；可根据经济、技术等因素比选来确定基础类型。

2 地质条件、施工技术条件具备时，可因地制宜地采用预应力混凝土管桩基础。

3 梁式桥桥台选择应根据地形、地质和受力等情况综合确定，可采用柱式台、肋板台或重力式桥台。

4 梁式桥桥墩宜采用双柱式墩，桥梁宽度小于7m时，可采用板式墩或单柱式墩，当采用单柱式墩时，应加强桥梁抗倾覆设计。

5 同一座桥梁或同类桥梁宜统一下部结构形式及配筋原则。

5.3.10 桥梁伸缩装置设计应符合下列规定：

1 大、中桥应根据桥梁结构形式和联长选用模数式伸缩装置。

2 小桥可采用经过验证可靠的无缝式伸缩装置。

3 条件具备时，可采用整体式桥、半整体式桥和延伸桥面板桥等无伸缩缝桥梁。

5.3.11 桥梁防撞护栏及栏杆设计应符合下列规定：

1 桥梁防撞护栏的布置和技术要求应符合现行国家标准《城市道路交通设施设计规范》（GB 50688）和现行行业标准《公路交通安全设施设计规范》（JTG D81）的有关规定。

2 人行道与行车道采用路缘石分离时，应符合现行行业标准《城市桥梁设计规范（2019年版）》（CJJ 11）的有关规定。

3 桥梁跨铁路时，护栏防护等级应符合现行行业标准《公路铁路交叉路段技术要求》（JT/T 1311）的有关规定。

4 桥梁防撞护栏与路基防撞护栏的结构形式不同时，应进行过渡段设计。相邻路基未设护栏时，桥梁防撞护栏应向路基延伸至路基填挖交界附近，并进行端部处理。

5.3.12 桥梁支座设计应符合下列规定：

1 根据结构要求可选用普通板式橡胶支座、滑板式橡胶支座、盆式橡胶支座或球型支座。

2 橡胶支座应根据地区气温条件选用，气温为-25~+60℃的地区可选用氯丁橡胶支座；气温为-40~+60℃的地区可选用三元乙丙橡胶支座或天然橡胶支座。

3 先简支后结构连续桥梁的纵桥向单个支承点上宜设置 1 排支座。
4 梁底、墩帽（盖梁）顶面应采取调平措施，使支座上、下传力面保持水平。
5 活动支座处应设置可靠的限位装置。
6 墩台构造应满足支座检查、养护、更换的要求，在墩台帽顶面与主梁梁底处预留支座更换所需空间。

5.3.13 桥面铺装、防水和排水应符合下列规定：
1 桥面铺装设计应综合考虑桥梁类型、技术等级、交通荷载等级及气候条件等因素。
2 桥面铺装应设置防水层，材料选用和防水系统设计等应符合现行行业标准《城市桥梁桥面防水工程技术规程》（CJJ 139）的有关规定。圬工桥台背面及拱桥拱圈与填料间应设置防水层并设盲沟排水。
3 桥面应有足够的横向和纵向排水坡度。桥面横向排水坡度宜与路面横坡坡度一致，当设有人行道时，人行道应设置倾向行车道 1%～2% 的横坡。
4 泄水孔宜设置在桥面行车道边缘处，间距可依据设计径流量计算确定，最大间距不宜超过 20m。在桥梁伸缩装置的上游方向应增设泄水孔，在桥面凹形竖曲线的最低点及其前后 3～5m 处应各设置 1 个泄水孔。
5 当桥梁纵坡坡度大于 3%，单面坡桥梁长度小于或等于 20m 时，可不设置泄水孔，通过桥面纵坡排水。
6 桥面排水系统应注意伸缩装置及其出水口等部位的设置，避免桥面积水沿桥梁构造物渗透、滴漏，侵蚀桥梁结构。
7 经过水环境敏感路段时，应采取相应的桥面水收集、处理措施。

5.3.14 桥梁改扩建设计应符合下列规定：
1 改扩建项目应对既有桥梁进行检测和评估，检测应包括材质状况、变形变位情况、耐久性相关参数等，还应根据需要进行桥涵承载能力试验鉴定。
2 桥梁拼接新建部分应符合现行行业标准《小交通量农村公路工程技术标准》（JTG 2111）的有关规定。
3 对直接利用或拼接加宽利用的既有桥梁，应进行检测评估并满足原设计荷载标准要求，其极限承载力应符合现行行业标准《小交通量农村公路工程技术标准》（JTG 2111）的有关规定。
4 桥梁加宽宜采用与既有桥梁相同或相近的结构形式和跨径。
5 既有桥梁的防撞护栏及人行道栏杆改造应符合下列规定。
1）应对既有桥梁防撞护栏结构进行验算或评估，并应根据评估结论确定改造方案。
2）人行道路缘石高度不满足现行规范要求时，可采用金属防撞护栏提高路缘石高度。
3）人行道外侧栏杆受损严重，不满足现行规范高度和受力要求时，应拆除新建。
4）桥梁防撞护栏高度不满足现行规范要求时，可在原防撞护栏顶部增加金属护栏，并植筋锚固，植筋深度应满足抗撞验算要求。

5.3.15 漫水桥设计应符合下列规定：

1 漫水桥总体设计应符合下列规定。

1）设置漫水桥的河流应为雨季分明、洪水历时短暂、常水位与洪水位高差较大的季节性河流。

2）桥面处最大水深大于1.2m时，不宜设置漫水桥与过水路面。

3）洪水期有较大漂浮物时，不应设置漫水桥。

4）应加强漫水桥上下游和两侧构造防冲刷措施，上下游河道100m范围内应保持河道通畅。

2 漫水桥平、纵、横断面设计应符合下列规定。

1）漫水桥路线平面线形宜为直线，宜与河流正交。

2）漫水桥路线纵断面设计宜将漫水桥设于相对低凹段，该低凹段应有供泄洪等足够长度的平坡段，减少漫水深度和壅水高度。平坡段长度宜至少超出漫水桥桥台各5m，接线过水路面的纵坡不宜大于5%。

3）漫水桥应在顺水流方向设置不小于2%的单向横坡。

3 漫水桥设计应考虑侧向水压及浮力影响，减少上部结构和桥墩的阻水面积，上部结构与墩台的连接应可靠，并应符合下列规定。

1）桥梁上部结构断面应采用截面高度小的结构形式，迎水侧面宜增设倒角或分水尖。

2）上部结构宜采用整体式现浇结构，当采用空心板或者箱梁结构时，应在底面设置泄水孔，在侧面设置通气孔。

3）桥墩应采用薄壁型实体桥墩等阻水面积小的结构形式，实体桥墩端部宜采用圆端形或尖端形的结构形式。

4）桥梁上、下部应采用锚栓等措施连接牢靠，必要时可采用连续刚构等墩梁固结构造。

5）桥梁混凝土结构应适当加大保护层厚度并设置防裂钢筋网片，空心截面开孔时，其内外侧钢筋保护层厚度应一致。

4 漫水桥设置护栏时应选用水阻较小的结构形式，可采用钢梁柱式护栏或混凝土柱链锁式护栏，并应设置安全警示标志。

5 漫水桥应设水位警示桩和水位标尺。

5.3.16 桥梁景观设计应符合现行行业标准《公路桥梁景观设计规范》（JTG/T 3360-03）的有关规定。

5.4 结构及构造设计

5.4.1 桥梁结构及构造设计材料应符合下列规定：

1 钢筋混凝土现浇板混凝土强度等级不宜低于C40。

2 装配式预应力混凝土连续箱梁、装配式预应力混凝土矮 T 梁、装配式预应力混凝土 T 梁、装配式预应力混凝土连续 T 梁所采用的混凝土强度等级不宜低于 C50。

3 墩台立柱、盖梁等下部结构所采用的混凝土强度等级不宜低于 C30。

4 受力主筋宜采用 HRB400 钢筋。

5 桥面铺装调平层混凝土强度等级宜与上部结构一致，并不低于 C40。

5.4.2 桥梁结构及构造设计钢筋布置应符合下列规定：

1 箍筋布置应符合下列规定。

1）箍筋常用直径为 8～16mm，间距不宜大于 200mm，承担抗剪或抗扭的箍筋直径及间距应根据结构斜截面抗剪及截面抗扭计算确定。

2）墩台立柱与盖梁、承台连接处等应力复杂部位的箍筋应加密。

3）装配式预应力混凝土连续箱梁的箍筋布置应考虑预应力管道走向，并应与顶、底板横向钢筋有效连接，形成封闭环。

4）箍筋须采用封闭式，末端应做成 135°弯钩。

2 斜筋布置应符合下列规定。

1）钢筋混凝土梁的斜筋宜按与水平面成 45°角布置。

2）斜筋的布置位置及数量应根据结构的斜截面抗剪计算确定，靠近支点的第 1 排斜筋顶部宜靠近或超过支座中心截面处，各排斜筋的水平面投影须有重叠，且重叠长度不应少于斜筋水平面投影长度的一半。

3）斜筋不得采用浮筋，两端应与水平主筋焊接。

4）当采用受拉区钢筋弯起代替部分斜筋时，钢筋弯起点位置应根据结构的弯矩包络图及受拉钢筋的抗弯承载力确定。

3 预应力钢筋布置应符合下列规定。

1）预应力钢束锚下钢筋网数量应根据局部承压计算确定。

2）预应力钢束群锚体系的锚下波纹管与喇叭管之间应连接可靠、过度顺畅，不得采用将波纹管直接伸入到喇叭管内的连接方式。

3）不宜采用扁锚预应力体系，必须采用时，每束不宜超过 3 根钢绞线，且扁波纹管不得在宽度方向弯曲使用。

4）曲线预应力钢束和长度大于或等于 20m 的直线预应力筋，宜采用两端张拉。

4 箱梁的纵向和顶板下缘横向受拉钢筋应满足规定的锚固长度要求，斜托钢筋不得采用浮筋。

5 基桩钢筋底端不宜弯折，桩长较长的摩擦桩，桩底可设置无筋段，其长度应按受力要求计算确定，无筋段应保留不少于 4 根主筋。

6 预制梁横隔板的连接钢筋宜采用帮条焊。

5.4.3 钢筋混凝土现浇板设计应符合下列规定：

1 桥面横坡宜通过现浇板整体弯折形成，同时应在板端底部设置楔形块以保证支座水平，宽度不大的桥梁可采用横桥向不等厚板的方式形成横坡。

2 钢筋混凝土现浇板应按板单元进行结构分析计算，纵横向配筋应满足受力要求，斜交桥梁还应考虑支座受力的不均匀性。

3 厚度大于 50cm 的钢筋混凝土现浇板宜采用空心结构，其典型横断面可按图 5.4.3 布置。内部开孔可采用圆形 PVC（聚氯乙烯）管成型，其顶底板厚度应满足局部受力及混凝土保护层厚度要求，不宜小于 8cm。横断面圆孔宜在板宽范围等间距布置，最小可取 1.5 倍圆孔直径，并应满足施工时使用插入式振动器的需要。

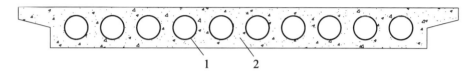

图 5.4.3 现浇空心板典型横断面
1-PVC 管；2-现浇空心板

4 钢筋混凝土现浇板采用圆形预留孔时，在墩台支承部位应采用实心结构，实心处圆管端部应可靠密封。

5 钢筋混凝土现浇板的板边应预埋防撞护栏锚固钢筋，且应与翼缘底部主筋焊接。

6 当斜交角度≥15°时，钢筋混凝土现浇板应按规范设置钝角加强钢筋。

条文说明

钢筋混凝土现浇板的宽跨比较大时，采用板单元进行结构分析可更好模拟实际受力状态，相关计算结果显示：桥梁宽跨比越大，横向弯矩越大；桥梁斜度越大，支点反力差别越大，故横向配筋应予以重视。

钢筋混凝土现浇板的适用跨径为 6～10m，个别情况下，为适应桥头引道宽度剧烈变化，可用于 13m 和 16m 等稍大跨径。当现浇板高度大于 50cm 时，采用预留圆孔的掏空方式，恒载可降低 30% 以上，因此规定高度大于 50cm 时宜采用中部开孔的现浇板。常见的现浇板开孔方式有圆形、圆端形和方形等，其中圆端形和方形适用于预制空心板，圆形开孔可在现浇时直接预埋 PVC 管作为内模实现，且无须拆除，施工方便，因此推荐采用。施工过程中应采用插入式振动器进行底板和腹板部分混凝土振捣，若计算需要，圆管间还应布置骨架斜筋，因此圆管间距不可太小，对于 8～16m 的现浇板，板厚宜为 40～80cm，圆管间距采用 1.5 倍管径时，结构构造相对合理。

5.4.4 装配式预应力混凝土矮 T 梁设计应符合下列规定：

1 装配式预应力混凝土矮 T 梁湿接缝宽度宜采用 0.35～0.55m，连接钢筋可采用单面焊或双面焊。

2 装配式预应力混凝土矮 T 梁横坡宜与桥面横坡相同，底面水平。

3 装配式预应力混凝土矮 T 梁应按照预应力混凝土 A 类构件设计。

4 装配式预应力混凝土矮 T 梁箍筋间距在梁端至 1/4 跨范围内应加密。

5.4.5 装配式预应力混凝土箱梁设计应符合下列规定：

1 单跨跨径 30m 以下的装配式预应力混凝土箱梁可采用结构简支桥面连续体系，其联长不宜超过 120m。

2 装配式预应力混凝土连续箱梁联长不宜超过 150m。

3 装配式预应力混凝土连续箱梁湿接缝宽度宜采用 0.35~0.8m，连接钢筋可采用单面焊或双面焊。

4 装配式预应力混凝土连续箱梁顶面预制横坡宜统一，底面水平，桥梁位于超高路段时可采用箱梁整体旋转与桥面调平层调整相结合的方式实现路面横坡。

5 跨径 25m、30m、35m 的装配式预应力混凝土连续箱梁均应设置跨中横隔板，横隔板宜采用实心构造。

6 装配式预应力混凝土连续箱梁正、负弯矩区预应力钢束均应采用圆锚，张拉控制应力不应大于预应力钢束抗拉强度标准值的 0.75 倍。

5.4.6 装配式预应力混凝土 T 梁及连续 T 梁设计应符合下列规定：

1 湿接缝宽度宜采用 0.4~0.7m，连接钢筋可采用单面焊或双面焊。

2 横坡宜与桥面横坡相同，底面水平。

3 预应力钢束布置可按相关通用图设计，并根据规范进行验算调整。

5.4.7 槽形梁设计应符合下列规定：

1 槽形梁可采用钢筋混凝土结构或预应力混凝土结构。应根据横向受力计算确定底板配筋，必要时应在底板设置横向预应力，其典型断面可按图 5.4.7-1 和图 5.4.7-2 布置。

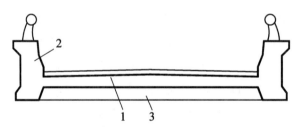

图 5.4.7-1 底板带肋的槽形梁横断面
1-桥面板；2-边梁；3-底板横肋

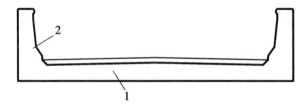

图 5.4.7-2 底板为实心平板的槽形梁横断面
1-桥面板；2-边梁

2 槽形梁端部和连续梁的中支点宜设置横梁，横梁高度宜大于等于行车道板厚度。

3 槽形梁结构分析宜采用空间网格模型或实体有限元模型。

4 预应力混凝土槽形梁端部应力扰动区应符合现行行业标准《公路钢筋混凝土及预应力混凝土桥涵设计规范》（JTG 3362）的有关规定。

条文说明

混凝土槽形梁按是否施加预应力可分为预应力混凝土结构和钢筋混凝土结构。其典型横断面如图5.4.7-1和图5.4.7-2所示，底板可采用实心平板结构或肋板式结构，两侧边梁可采用实心截面或空心截面，具体可根据结构总体布置和受力要求确定。

混凝土槽形梁为典型的开口框架受力结构，桥面板和腹板横向变形效应明显，在梁端和连续梁的中支点设置横梁，可以有效地减小边梁横向变形，同时减小桥面板的横向弯矩。

东南大学相关研究结果显示，主梁在纵向预应力作用下，在距离梁端1倍梁高范围内行车道板中产生较大的横向拉应力，若处理不当，极易在施工过程中造成行车道板的开裂。腹板内纵向预应力钢束竖向位置对梁端桥面板横向应力分布影响显著，因此建议采用空间网格模型或实体有限元模型进行结构分析，优化调整端部桥面板中横向受力状态，端部配筋按规范应力扰动区相关要求进行配筋设计。

5.4.8 UHPC-NC组合梁设计应符合下列规定：

1 UHPC-NC组合梁主梁可采用UHPC预制T梁、I梁或倒T梁，桥面板可采用钢筋混凝土现浇板或叠合板，典型横断面可按图5.4.8布置。

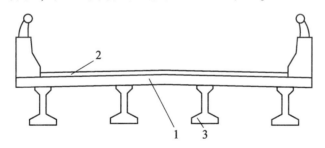

图5.4.8 典型UHPC-NC组合梁横断面
1-现浇钢筋混凝土桥面板；2-桥面铺装；3-UHPC预制梁

2 UHPC-NC组合梁结构分析应考虑施工方法及顺序的影响。

3 UHPC-NC组合梁结构设计应符合现行团体标准《超高性能混凝土梁式桥设计规程》（T/CCES 27）的有关规定。

4 超高性能混凝土（UHPC）与普通混凝土（NC）结合面应设置抗剪钢筋。

条文说明

超高性能混凝土（UHPC）材料性能优异，在桥梁工程领域研究和应用日益广泛。

全UHPC梁桥结构性能优异，但造价相对较高。同时，全UHPC梁桥在受拉区UHPC材料开裂并且钢筋屈服时，受压区UHPC的材料性能则未能高效发挥。因此，对于中、小跨径桥梁而言，全UHPC主梁结构未必是较好的选择。混凝土组合梁结构是指在预制构件上，现浇一层混凝土而形成的一种装配整体式混凝土结构。该组合结构因兼有装配式和现浇整体式结构的优点，是一种整体性好、施工便捷、综合经济效益显著的结构形式。

5.4.9 先简支后结构连续T梁或小箱梁支点负弯矩区采用UHPC现浇组合结构构造时，应符合下列规定：

1 UHPC现浇段长度 L 宜大于正常使用极限状态频遇组合顶板受拉区段长度（图5.4.9），并不宜小于1.5倍梁高 h。

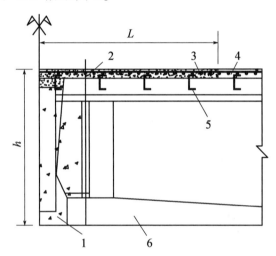

图5.4.9 结构连续T梁或小箱梁支点负弯矩区UHPC组合结构构造

1-梁端现浇普通混凝土；2-UHPC现浇层；3-现浇层钢筋网；4-普通混凝土现浇层；5-抗剪连接钢筋；6-预制小箱梁

2 支点负弯矩区现浇调平层钢筋网宜连续布置，纵向接头宜位于负弯矩区段以外。

3 箱梁顶板应布置抗剪连接钢筋，其间距宜采用30cm。

4 UHPC浇筑前，应将结合面凿毛处理，凿毛最小深度不应小于8mm，并应冲洗干净，不留水分。

条文说明

在常规结构连续T梁和小箱梁中，支点构造可分为结构连续和桥面连续，结构连续方式宜在支点负弯矩区张拉预应力钢束，以抵抗使用阶段支点负弯矩；桥面连续构造宜对桥面现浇层局部切缝，设置拉杆，并设置与主体结构的隔离层，因局部构造复杂，运营中局部开裂病害时有发生。连续T梁负弯矩钢束宜在梁底张拉，施工难度大，安全风险高；连续小箱梁宜在顶板开槽，并局部加厚，导致顶板截面应力集中明显，且耐久性差。中铁第四勘察设计院集团有限公司联合武汉理工大学开展了装配式连续小箱梁支点负弯矩区UHPC组合结构专题研究和1:2缩尺试验，发现将支点负弯矩区一定范围常规10cm桥面现浇层替换为UHPC后，结构抗裂性能和承载能力均可满足规范要求。

连接件在UHPC-NC界面处受到拉、剪或拉剪复合作用，大量研究表明：预埋钢筋连接件可以使结构呈现延性破坏；增加界面粗糙度和植筋率可以增加试件的延性和承载力。目前通用图中常见的连接钢筋间距为50cm×50cm，考虑到负弯矩区段落相对较短，适当增加该区段钢筋间距，数量增加很少，从确保结合面受力的角度出发建议适当减小预埋钢筋间距。

UHPC-NC界面凿毛和清洁处理应符合现行行业标准《公路桥涵施工技术规范》（JTG/T 3650）的有关规定。相关试验研究结果表明：UHPC-NC界面经凿毛和清洁处理，其黏结强度有较大幅度提高。

5.4.10 钢筋混凝土板拱桥设计应符合下列规定：

1 拱轴线应根据计算确定，钢筋混凝土板拱桥跨径小于20m时可采用圆曲线，跨径较大时宜采用悬链线。

2 矢跨比应根据路线接线条件、地基基础受力和景观要求等综合确定，宜采用1/6～1/2。

3 当采用无铰拱结构，且位于软土地基上时，钢筋混凝土板拱桥宜采用两铰拱，并应在台后设置阻滑板（图5.4.10），阻滑板与桥台应分离并贴合紧密。阻滑板与桥台基础可直接设置后浇带，应在台后路基部分填筑后施加预顶力，待后浇带微膨胀混凝土达到标准强度100%后方可拆除千斤顶，顶推时应监测桥台和阻滑板的位移。

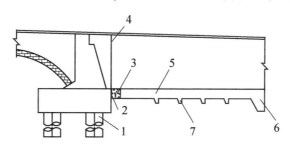

图5.4.10 拱桥桥台后阻滑板示意
1-基桩；2-隔离层；3-阻滑板后浇带；4-沉降缝；5-阻滑板；6-端部抗滑榫；7-中部抗滑榫

4 钢筋混凝土板拱桥的预拱度设置应符合现行行业标准《公路圬工桥涵设计规范》（JTG D61）的有关规定。

条文说明

对于20m以下的小跨径板拱桥，由于拱圈弯矩相对较小，为便于施工放样，可采用圆曲线。对于跨径较大的板拱桥，由于拱圈弯矩较大，宜采用悬链线，以减小拱圈承受的弯矩。

钢筋混凝土板拱桥矢跨比通常在1/6～1/2之间，矢跨比越大，拱脚推力越小，拱圈曲线变化大，凸显拱形效果。当矢跨比为1/2时，如拱脚在常水位处，拱圈和倒影就形成一个闭合的圆，景观效果佳。但是矢跨比增大，会导致跨径相同的条件下桥面高程增加，影响两岸接线和道路纵坡，因此，矢跨比的选择应综合考虑上述因素。

钢筋混凝土板拱桥宜在拱圈内布置受力钢筋，在满足主拱裂缝宽度要求的情况下采用无铰拱，可以增强结构耐久性，降低施工难度。

软土地基上修建拱桥，采用两铰拱结构，可释放拱脚和拱顶弯矩，以适应地基变形。为减小软土地区桥台水平变位，在桥台后设置阻滑结构，工程实践表明，设置一定长度的阻滑结构可抵抗大部分水平力。常用的阻滑结构为阻滑板，材料为浆砌片石或片石混凝土，形状为矩形板，为增加抵抗力，可在顺桥向的两端底部设置抗滑榫。阻滑结构与桥台分离是为了适应二者的不均匀沉降，贴合紧密则是为高效发挥台后的抗推作用。

在阻滑板和桥台基础之间设置后浇带，通过预顶可消除二者之间的水平位移，提高整体水平刚度，可在桥台基础中预存一部分向河心侧的水平力，减小成桥后桩基弯矩。顶推位移监测一方面是为了反算控制承台和桩基的内力，另一方面通过阻滑板和承台的位移大小可以推算出二者水平刚度比，验证结构设计的合理性。

5.4.11 下部结构设计应符合下列规定：

1 桥台盖梁的背墙及顶面高差大的 L 形盖梁应在负弯矩处留断缝，断缝可采用切缝处理，断缝处通长钢筋宜断开，并保证足够保护层厚度，切缝处应填塞柔性防水材料。

2 位于交叉口处的桥梁，桥台侧墙、耳墙应根据平交口渠化与路基顺接，可做成八字形，或者取消耳墙直接与挡土墙顺接。

3 桩基础设计应符合下列规定。

1）钻孔桩桩基的直径可选用 0.6m、0.8m、1.0m、1.2m、1.3m、1.5m、1.6m、1.8m、2.0m 等。

2）端承桩可采用通长配筋，摩擦桩宜根据计算结果及桩长采用分段配筋。

3）预应力混凝土管桩应符合现行行业标准《预应力混凝土管桩技术标准》（JGJ/T 406）的有关规定。

4 扩大基础设计应符合下列规定。

1）应经计算提出扩大基础基底承载力要求及不满足要求时的处理措施。

2）扩大基础宜采用钢筋混凝土结构，条件具备时可采用片石混凝土等圬工结构。

3）扩大基础埋置深度应符合现行行业标准《公路桥涵地基与基础设计规范》（JTG 3363）的有关规定。

5 桩柱式桥墩设计应符合下列规定。

1）桩柱顶钢筋外倾角不应过大，宜小于 10°，且不得弯出盖梁以外。桩柱顶进入盖梁部分钢筋应采用单肢圆箍筋。

2）墩台立柱与盖梁和承台的连接处等应力复杂部位的箍筋应加密。

3）墩柱直径宜比桩基直径小 10~20cm。

4）桥墩盖梁宽度应根据抗震要求、支座垫石尺寸及墩柱尺寸等综合确定，盖梁高度应根据计算分析确定。

  5）双柱及四柱式墩盖梁顶宜采用平坡，并应/宜用支座垫石高度调整横坡。

  6　肋板式桥台设计应符合下列规定。

  1）肋板顶部钢筋偏角在横桥向宜小于10°，不应在顺桥向设偏角。

  2）肋板厚度应根据桥台高度在0.6~1.2m之间选取。

  3）肋板式桥台承受较大横向不平衡力时，应采取加强措施。

  7　重力式桥台设计应符合下列规定。

  1）重力式桥台宜采用扩大基础，基础及台身可采用片石混凝土等圬工结构。

  2）U形桥台侧墙尾端伸入路堤内的长度不应小于0.75m，以保证与路堤有良好的衔接，侧墙顶宽不应小于0.50m，以便安装防撞护栏，台身的宽度应与桥梁全宽相同。

  3）U形桥台台身采用普通混凝土结构时，表面应配防裂钢筋网，侧墙与台身之间应设置联系钢筋。

5.4.12　防撞护栏设计应符合下列规定：

  1　防撞护栏的等级应按照相关规范要求设置，同一个项目中的防撞护栏形式应统一，桥梁护栏长度应不小于桥梁全长，且不宜小于河床宽度。

  2　防撞护栏应在墩台顶处断开，在桥跨部分应设置切缝，切缝间距宜小于10m。

  3　防撞护栏预埋钢筋应与梁板的下翼缘或桥台内钢筋焊接、套箍，确保牢靠。

  4　采用石材护栏时，应注意预留栏杆伸缩缝，并能适应桥梁结构变形。

  5　漫水桥的护栏应能保证洪水期水流和漂浮物顺利通过。

5.4.13　桥头搭板设计应符合下列规定：

  1　三级及以上公路桥梁应设置桥头搭板，其他桥梁宜设置桥头搭板。

  2　搭板宽度宜与桥台耳墙或侧墙内侧相齐，并应用柔性材料隔离阻水。

  3　搭板应与路基、路面进行过渡衔接设计，过渡应均匀，防止刚度突变。

  4　桥头搭板在横桥向宜整体式布置。当宽度超过12m时，可结合车道线进行横向分块，并在板间设置拉杆。

5.4.14　桥面防水与排水设计应符合下列规定：

  1　桥面宜采用直排式排水，跨路线、水源保护区、风景区及易冲刷路段的桥梁应采用集中式排水。

  2　泄水管应采用铸铁或型钢材料，水平向排水管宜采用矩形断面形式。

  3　泄水管间距应根据桥面宽度、纵坡、横坡及降雨强度综合考虑，宜取4~5m。

  4　当采用沥青混凝土铺装时，应设置桥面结构内部排水系统。

  5　无集中排水要求的泄水管应伸出桥面足够的长度。

5.4.15　支座及垫石设计应符合下列规定：

1 桥梁支座下均应设置支座垫石，支座垫石平面尺寸宜大于支座尺寸100mm以上，高度宜为80mm以上，并保证足够的检修和更换空间。

2 支座垫石布置的水平钢筋网不宜过多，并应采用竖向钢筋与墩、台帽内钢筋相连接；当垫石厚度在8cm以内时，宜放置1层水平钢筋网；当垫石厚度大于8cm时，可放置两层或三层水平钢筋网，水平钢筋网的竖向间距宜采用100mm。支座垫石应按局部承压构件进行验算。

3 连续结构的桥梁宜优先选用盆式支座或球型支座。

5.4.16 桥面铺装及桥面连续设计应符合下列规定：

1 桥面铺装采用沥青混凝土面层时，水泥混凝土调平层厚度不宜小于80mm，宜在其中设置直径不小于8mm的焊接钢筋网片。采用水泥混凝土桥面铺装层时，其厚度不宜小于100mm，宜在其中设置直径不小于10mm的焊接钢筋网片。

2 桥面铺装钢筋横桥向均应伸入护栏内，架立钢筋宜每平方米不少于4根，并应采用梅花状布置。

3 结构简支桥面连续处的钢筋不宜过多、过密，具体构造可按图5.4.16布置。

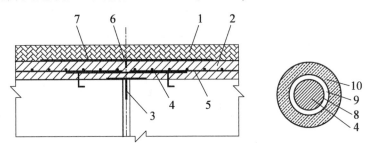

图 5.4.16 桥面连续构造立面（左）及钢筋拉杆包覆横断面（右）

1-沥青混凝土；2-混凝土现浇层；3-T形钢盖板；4-钢筋拉杆；5-钢筋网；6-锯缝；7-防水卷材；8-环氧酚漆；9-玻璃纤维布；10-聚乙烯胶带

5.4.17 锥坡及台后填土设计应符合下列规定：

1 桥头锥坡处应设置检修踏步。
2 锥坡防护宜采用浆砌片石或混凝土预制块。
3 当锥坡前缘深入河道时，应采用挡墙收坡。
4 应在锥坡台前距离梁底1.5m处设置宽度不小于1m的检修道。

5.4.18 改扩建桥梁设计应符合下列规定：

1 既有桥梁的承载能力评定宜采用结构分析结合实地调查法。
2 桥梁加宽前，应根据需要先对既有桥梁进行维修加固。
3 既有桥梁维修加固应符合下列规定。

1）维修加固不应改变原有结构受力体系，新加宽桥梁的结构受力体系应与原有结构受力体系保持一致。

2）新旧桥梁上部结构宜连成一体，拼宽后桥下净空不应小于原设计标准。

3）新拓宽桥梁无论在施工阶段还是运营阶段，都不得对既有桥梁结构受力产生不利影响。

4 既有桥梁加宽应符合下列规定。

1）既有桥梁加宽须考虑施工阶段和使用阶段新旧结构的相互影响，采取合理的结构设计和适宜的施工方法。

2）应根据路线设计、桥梁结构形式及桥位处地形地貌等因素合理选择单侧加宽或双侧加宽方案。当既有桥梁位于路线曲线段、路线走向不受限制，两侧加宽宽度较窄或一侧不适合加宽时，应考虑采用单侧加宽。

3）加宽部分桥梁基础宜选用桩基础，桩基础深度应大于既有桥梁基础，且新建基础施工应减少对既有桥梁基础的影响。

4）新旧桥梁间采用刚性连接时，应选择合适的连接时间，减少基础间的沉降差影响；当桥梁上部结构间不连接时，断缝处桥面铺装应采取桥面连续或纵向伸缩缝的形式。

5）桥梁新加宽的部分应采用新施行的技术标准，既有桥有条件时应提高到与新加宽部分相同的技术标准，并应提出针对性的运营管理和维护措施。

6 施工

6.1 一般规定

6.1.1 工程施工前，应核查结构设计尺寸等关键施工参数，开展施工调查、现场核对及图纸会审，还应对导线点、水准点进行复测，编制施工组织设计。

6.1.2 重要施工工艺或分部分项工程、危险性较大的分部分项工程及大型临时设施应编制专项施工方案，经批准后方可实施。危险性较大的工程划分及专项施工方案内容应符合现行行业标准《公路工程施工安全技术规范》（JTG F90）的有关规定。

6.1.3 跨越通航河道、交通道路施工时，应与相关部门联系并报批涉河、涉路施工手续，经批准后方可施工。

6.1.4 钢筋厂、施工便道、便桥等临建设施应根据现场现状、项目规模与特点，本着因地制宜、永临结合的原则进行建设。

6.1.5 施工现场应采取封闭式管理，办公区、生活区、作业区相互隔离，并应设置防火、防尘、防噪、防污等设施。

6.1.6 重难点施工工艺宜实行首件工程认可制。

6.1.7 施工前应建立健全施工组织机构、质量、环境和职业健康安全管理体系。

6.1.8 改扩建桥梁施工应根据通行需要，设置临时通行道路，满足施工期间通行需求。

条文说明

2020年10月30日，为防范化解公路水运重大事故风险，推动相关行业淘汰落后工艺、设备和材料，提升本质安全生产水平，交通运输部会同应急管理部发布《公路水运工程淘汰危及生产安全施工工艺、设备和材料目录》（2020年第89号）。根据公告要求，农村公路桥梁施工不得使用"目录"中所列"禁止"使用工艺、设备和材料，也不得在限制的条件和范围内使用"目录"所列"限制"类施工工艺、设备和材料。

6.2 模板与混凝土

6.2.1 模板制作、安装及拆除应符合下列规定：
1 模板应具有足够的强度、刚度和稳定性，应能承受施工过程最不利荷载工况。
2 可结合当地资源及条件，选用满足施工要求的胶合板，有条件的可选用钢模板；对于预制箱梁、空心板等的内模应有防止上浮的固定措施。
3 模板使用时，应在其表面涂刷脱模剂或脱模漆，脱模剂或脱模漆不得污染钢筋、混凝土表面及水土环境。
4 模板拆除期限和拆除程序等应根据结构构造特点、模板部位和混凝土所达到的强度要求确定，并按其相应的施工图设计要求进行拆除。非承重侧模板应在混凝土抗压强度达到 2.5MPa，且能保证其表面及棱角不致因拆模而受损坏时方可拆除；承重模板应在混凝土强度能承受其自重荷载及其他可能叠加荷载时方可拆除。

6.2.2 混凝土配合比设计及管理应符合下列规定：
1 施工前应进行混凝土配合比试配和报批。
2 施工过程中应控制混凝土的坍落度，同一、相接或相邻构件的坍落度相差不宜超过 30mm。
3 混凝土所用各种原材料宜选用当地地材，进场时应对其质量性能指标进行检验。当配合比中各项原材料的规格、产地、用量发生变化时，应重新进行配合比试验，且经批准后方可实施。

6.2.3 混凝土施工应符合下列规定：
1 混凝土宜采用商品混凝土，混凝土应拌和均匀、和易性满足设计要求，拌合站应采用强制式搅拌机，不得采用滚筒搅拌机，搅拌机应计量准确，产量产能应与施工工程量相匹配。
2 混凝土应采用搅拌运输车运输。
3 混凝土应按一定的顺序和方向分层浇筑，并应振捣密实；预制梁混凝土浇筑时，应采用插入式振动器与平板振动器组合方式振捣。
4 混凝土养护宜采用喷淋、土工布或高分子塑料薄膜覆盖等保湿养生，养生期不少于 14d。混凝土冬期施工时应采取覆盖、蒸汽加热、在模板表面粘贴保温棉或加热带等保温或加温措施。
5 承台混凝土浇筑应采取有效措施控制水化热对混凝土质量的影响。

6.3 钢筋与预应力筋

6.3.1 钢筋存放、加工、连接、绑扎与安装应符合下列规定：

1 钢筋应具有出厂质量证明书，进场时应按不同的钢种、等级、牌号、规格及生产厂家分批抽取试样进行力学性能检验，检验合格后方可使用。

2 钢筋存放应按不同品种、规格、批次分别堆置整齐，并设立识别标志。钢筋存放场地应有防、排水设施。钢筋应垫高或堆置在存放台座上，室外场地存放还应有防雨、防尘等覆盖措施。

3 钢筋弯制及端部弯钩应符合设计及相关规范要求；具备条件时，宜采用专业机械设备在钢筋厂内集中加工。

4 钢筋宜采用焊接接头或机械连接接头。其施工应符合现行行业标准《钢筋焊接及验收规程》（JGJ 18）、《钢筋机械连接技术规程》（JGJ 107）的有关规定。

5 钢筋宜采用"八"字形绑扎，绑扎铁丝的尾段不应伸入保护层内。钢筋"八"字形绑扎可按图6.3.1布置。

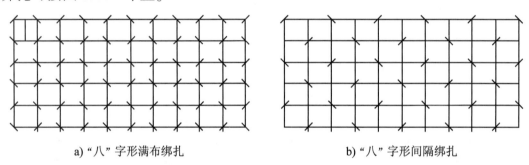

a) "八"字形满布绑扎　　　　　　　　b) "八"字形间隔绑扎

图6.3.1　钢筋"八"字形绑扎示意图

6 半成品钢筋或钢筋骨架采用整体安装时，宜设置专用胎架或卡具等进行辅助定位，吊装过程中应采取专用吊具，防止半成品钢筋或钢筋骨架在吊装过程中发生变形；分段制作的钢筋骨架宜在胎架上按编号进行安装，安装时应按编号顺序连接。

7 钢筋安装定位应准确，及时校正偏位，其保护层厚度应满足设计要求。垫块在结构或构件侧面和底面每平方米所布设的数量不应少于4个，重要部位宜适当加密。

8 钢筋存放、加工、连接、绑扎与安装还应符合现行行业标准《公路桥涵施工技术规范》（JTG/T 3650）的有关规定。

条文说明

为保证钢筋安装时的精度及钢筋吊装时的刚度，专用胎架、卡具及吊具应结合吊装钢筋骨架的重量、几何尺寸等进行专项设计，合理设置吊点，其强度、刚度、稳定性应满足施工要求。

混凝土垫块宜采用专门制作的定型产品，应具有不低于结构本体混凝土的强度，并应有足够的密实性；采用其他材料制作垫块时，除应满足使用强度的要求外，其材料中不应含有对混凝土产生不利影响的成分。垫块的制作厚度不应出现负误差，正误差不应大于1mm。

6.3.2 预应力筋制作、安装、张拉及压浆应符合下列规定：

1 预应力混凝土结构所采用的钢丝、钢绞线、螺纹钢筋等材料的性能和质量应符合现行国家标准的有关规定。钢丝应符合现行国家标准《预应力混凝土用钢丝》（GB/T 5223）的有关规定；钢绞线应符合现行国家标准《预应力混凝土用钢绞线》（GB/T 5224）的有关规定；螺纹钢筋应符合现行国家标准《预应力混凝土用螺纹钢筋》（GB/T 20065）的有关规定。

2 预应力混凝土结构所采用的锚具、夹具和连接器的性能和质量应符合现行国家标准《预应力筋用锚具、夹具和连接器》（GB/T 14370）的有关规定。

3 预应力混凝土结构所采用的管道性能和质量应符合现行行业标准《预应力混凝土用金属波纹管》（JG 225）或《预应力混凝土桥梁用塑料波纹管》（JT/T 529）的有关规定。

4 后张预应力孔道应采用专用压浆料或专用压浆剂配制的浆液进行压浆。

5 预应力筋制作、安装、张拉及压浆还应符合现行行业标准《公路桥涵施工技术规范》（JTG/T 3650）的有关规定。

6.4 上部结构

6.4.1 混凝土梁支架法现浇应符合下列规定：

1 混凝土梁支架法现浇施工时，其模板、钢筋、混凝土工程应符合本指南第6.2节、第6.3节的有关规定。

2 现浇施工用模板支撑体系等应编制专项施工方案，超过一定规模的应按规定组织专家对专项施工方案进行论证。

3 模板支架宜采用承插型盘扣式钢管脚手架搭设的满堂式模板支架或梁柱式模板支架。

4 支架基础地基承载力应现场检测验收并满足施工要求，不满足要求时应采取换填、压实或硬化等处理措施。

5 支架搭设完后，应对支架进行预压，并按要求对支架进行监测。当最大变形及抗倾覆稳定性等指标满足设计及规范要求时，方可进行下一阶段施工。支架预压还应符合现行行业标准《公路桥涵施工技术规范》（JTG/T 3650）及《钢管满堂支架预压技术规程》（JGJ/T 194）的有关规定。

6 混凝土浇筑前，应检查混凝土梁各类预埋件等设施的数量及位置。

7 模板支架搭设应适应梁体几何线形变化并按要求设置预拱度；落架、拆除时应明确落架、拆除顺序且混凝土强度满足设计要求后方可进行。落架、模板拆除时应做好混凝土梁成品保护。

条文说明

针对桥梁上部结构采用支架法现浇施工，中铁二十四局集团有限公司结合工程施工实践，针对不同桥梁结构、不同桥址情况开展施工技术研究，研发并应用了6种桥梁上部结构现浇施工模板支架并形成专利成果。该专利成果在一定程度上优化了施工流程，降低了施工安全风险，提高了桥梁施工工装化水平，实践证明，应用效果良好，可根据桥梁实际情况比选应用。

6.4.2 装配式梁、板预制安装应符合下列规定：

1 预制场宜选择当地预制构件厂集中预制，其布局应满足预制、移运及存放等施工作业要求。

2 预制台座、存放台座应进行专项设计，台座基础强度、刚度应满足施工要求。预制台座顶面宜采用钢板铺设后再焊接成整体，钢板间的焊缝应打磨平整，台座顶面应根据设计要求设置反拱度。

3 钢筋加工前，应核实钢筋与预应力管道、支座螺栓等预埋件位置是否冲突，存在冲突时应报请设计单位进行调整。

4 预制梁浇筑混凝土前，应检查模板几何尺寸、预埋件数量、尺寸及位置；浇筑混凝土时，锚下、支座顶面等钢筋密集处应加强振捣，梁顶面应在振捣密实抹平后再拉毛处理。

5 预制梁应按架梁先后顺序进行预制及存放，梁体上标识预制梁铭牌，除设计有特殊要求外，预制梁存放期不宜超过90d。

6 预制梁运输前应对运输路线进行调查，包括路线宽度、纵坡、平曲线半径及沿线桥涵限高、限宽、限载等内容。

7 预制梁运输及架设应编制专项施工方案，当桥梁规模较小时，宜选用起重设备架设；当桥梁规模较大时，宜选用专用架桥机架设。

8 预制梁架设就位后，应及时检查就位是否牢固并设置防止梁体倾覆的稳固支撑措施。对弯、斜、大纵坡桥的预制梁架设，应重点检查其架设后的平面位置、高程及几何线形。

9 当架设先简支后连续的梁体结构时，应先落座在临时支座形成简支状态，再按设计要求转换成连续结构，最后按设计顺序依次拆除临时支座，完成梁体结构体系转换。

10 梁体湿接缝接触面应按要求进行凿毛处理，用于浇筑湿接缝模板的强度及刚度应满足施工要求，且与梁体密贴不漏浆并有一定的搭接长度，湿接缝混凝土等级较梁体宜提高一个等级，并宜在一天中气温相对较低的时段浇筑且养护时间不应少于14d。

条文说明

大规模、大体量的桥梁上部结构预制施工，大多采用工厂化集中预制。随着桥梁建设工业化的不断推进，中铁二十四局集团有限公司依托承建项目，采用自动液压模板+移动台车流水线生产组织方式，构建了流水化生产体系，钢筋加工采用数控钢筋加工装备或生产线、预制采用液压模板进行模板自动安拆、混凝土浇筑采用鱼雷罐+布料器+平板振动器联动工艺，做到混凝土运输、布料、振捣工序之间数控一体化。该生产方式从根本上革新了传统施工做法，大大提高了桥梁建造水平，应用效果良好，具有较高的推广价值。

6.4.3 钢筋混凝土板拱桥施工应符合下列规定：

1 用于现浇钢筋混凝土拱圈或拱肋的拱架应进行专项设计，设计应遵循安全可靠、结构简单、受力明确、制作和安拆方便的原则。在设计荷载下，应按可能产生的最不利荷载组合验算拱架的强度、刚度和稳定性。

2 拱架的地基与基础设计应符合现行行业标准《公路桥涵地基与基础设计规范》（JTG 3363）的有关规定，并对地基承载力进行验收。

3 跨径较小的拱圈或拱肋应按其全宽从两端拱脚向拱顶对称连续浇筑混凝土，并应在拱脚混凝土初凝前全部完成；跨径较大的拱圈或拱肋应沿拱跨方向分段对称浇筑，分段位置应以拱架受力对称、均匀和变形小为原则，且宜设置在拱顶、1/4跨部位、拱脚及拱架节点等处。

4 大跨径拱圈或拱肋分段对称浇筑时，各段的接缝面应与拱轴线垂直，各分段点应预留间隔槽，其宽度宜为0.5~1.0m，槽内有钢筋接头时，其宽度还应满足钢筋接头搭接长度要求。

5 浇筑拱圈或拱肋混凝土时，应按照预先制定的浇筑方案对称进行，并应控制两端的浇筑速度，避免产生过大的偏差。分段浇筑时，各分段内的混凝土宜一次连续浇筑完成，因故中断时，应浇筑成垂直于拱轴线的施工缝；如已浇筑成斜面，应将已浇筑的混凝土凿成垂直于拱轴线的平面或台阶式结合面。

6 间隔槽混凝土浇筑应符合设计规定。设计未规定时，应在拱圈或拱肋混凝土强度达到设计强度的85%后，由拱脚向拱顶对称浇筑；拱顶及拱脚间隔槽混凝土应在最后封拱时浇筑。

6.4.4 钢结构桥梁施工应符合下列规定：

1 制造前，应对设计文件进行工艺性审核，并应按设计规定绘制加工图，编制制造工艺文件。当需要对设计图纸进行调整和变更时，应取得设计单位同意，并履行相关设计变更程序。

2 构件制造应建立完善的资料检验制度。在制造过程中，各工序应按技术标准进行质量控制；每道工序完成后，应进行检查并形成记录，施工质量检验记录和质量证明文件等资料应齐全完整、真实有效，并应具有可追溯性。

3 构件制造时，各工序间应进行交接检查，未经检验或检验不合格的构件不得进行下道工序生产；制造完成后，应对其质量进行检查验收。设计相同的构件在制造精度上宜达到互换要求。

4　构件制造、安装应建立施工监控体系，并应在制造前具有构件的制造线形。

5　应根据桥位环境条件及桥梁结构特点，选择合理的制造和安装专项施工方案。专项施工方案应按有关规定进行论证和审批，各施工工序应编制作业指导书。

6　钢桁梁、钢板梁的杆件在成批制造之前，应进行试拼装；钢箱梁、钢桁梁、钢箱拱及钢管拱等的构件在安装施工前，应进行预拼装。

7　钢结构桥梁构件焊接工作宜在室内进行，施焊时的环境湿度应小于80%，环境温度不宜低于5℃，低于5℃仍需进行焊接作业时，应采取焊前预热、保温和焊后缓冷等工艺措施，并应通过专项试验确定相应的焊接工艺参数。焊接宜在构件组装后24h内完成。在室外焊接时，还应采取必要的防风和防雨措施。室外焊接宜在构件组装后12h内完成。焊缝无损检测的质量等级、检测等级、验收等级应符合现行行业标准《公路钢结构桥梁制造和安装施工规范》（JTG/T 3651）的有关规定。

8　钢结构涂装前应编制专项施工方案，并应依据专项施工方案编制工序作业指导书。钢结构桥梁涂装应符合设计文件和现行行业标准《公路桥梁钢结构防腐涂装技术条件》（JT/T 722）的有关规定。

9　钢构件运输应编制专项运输方案，并应根据构件的形状、种类、质量及桥位处地形或水域特点，确定适宜的运输方式、运输路线和运输工具。

10　钢结构桥梁施工还应符合现行行业标准《公路桥涵施工技术规范》（JTG/T 3650）、《公路钢结构桥梁制造和安装施工规范》（JTG/T 3651）的有关规定。

条文说明

制造前对设计文件进行工艺性审核，然后再将其转化为加工图，将结构构件分解为板单元和零件，以便生产加工。对设计文件进行工艺性审核时，应考虑以下内容：

（1）设计图的节段划分是否符合制造、运输及架设安装条件。

（2）构件是否标准化、通用化，以减少工装的制造量。

（3）制造厂现有设备和条件是否满足制造要求。

（4）焊缝布置、焊缝形式及操作空间是否合理及焊接变形对质量的影响。

（5）选用钢材的品种规格是否与可能供应的材料相符。

（6）制造数量、质量要求和运输方式等是否明确。

6.4.5　组合结构桥梁施工应符合下列规定：

1　组合结构桥梁中钢结构部分施工应符合本指南第6.4.4条的规定。

2　施工前应编制专项施工方案，并应根据结构特点和受力特性确定施工流程及施工工艺，且还应采取防止预制桥面板混凝土和接头混凝土开裂的措施。

3　施工前，应根据结构受力特性和设计要求的施工方法确定钢混组合形式。

4　施工时，应综合考虑钢构件和预制桥面板的安装方式，其安装、组合的顺序和加载程序应符合设计和施工的有关规定。

5 预制桥面板各单元之间的湿接缝和钢-混凝土接头宜采用微膨胀补偿收缩混凝土。

6 钢-混凝土接头混凝土浇筑宜按大体积混凝土的要求进行温度控制。

7 预制桥面板安装前，应将钢梁与预制桥面板结合面及剪力连接件表面清理干净；安装后，应检查橡胶条四周是否压紧、密贴、鼓包，避免浇筑接缝混凝土出现漏浆现象。

8 组合结构桥梁施工还应符合现行行业标准《公路钢混组合桥梁设计与施工规范》（JTG/T D64-01）、《公路桥涵施工技术规范》（JTG/T 3650）、《公路钢结构桥梁制造和安装施工规范》（JTG/T 3651）的有关规定。

条文说明

近些年，随着钢结构及钢混组合结构桥梁不断推广应用，山区等一些复杂地形地貌环境下也开始应用钢混组合结构桥梁。针对山区钢板组合梁桥施工，中铁二十四局集团有限公司依托承建项目，研发了山区钢板组合梁桥钢梁及桥面板同机一体、循环架设施工工法，解决了山区钢板组合梁桥施工技术难题，大大提高了施工效率及桥梁施工工装化水平，为钢板组合梁桥在山区等复杂地形地貌环境下应用提供了配套施工技术支撑。

6.5 下部结构

6.5.1 钻孔灌注桩施工应符合下列规定：

1 钻孔灌注桩宜根据地质情况采用冲击钻、回旋钻、旋挖钻等机械成孔工艺。钻孔前应核查桩位坐标及高程并测量放样；钻机平台应牢固、稳定，钢护筒不宜兼作工作平台；当使用回旋钻或旋挖钻时，护筒内径应比钻头直径大20cm；使用冲击钻时，护筒内径应比钻头直径大40cm。

2 钻孔过程中应同步留取渣样，并根据地质变化调整钻进速度及泥浆指标。与地质勘察报告差异较大时，应及时报请勘察、设计单位进行地质核查。

3 桩头钢筋笼宜采取桩头钢筋加PVC套管等措施进行预先处理，桩头破除宜采用"预先切割法＋机械凿除"桩头处理工艺或"环切法"整体桩头处理工艺。

4 混凝土灌注时，混凝土坍落度宜为160～220mm，且应考虑气温、运距及施工时间导致的坍落度损失；首批混凝土储量应充足，导管底口距孔底宜为0.3～0.4m且埋入混凝土内不应小于1m；灌注后导管应平稳提升，埋置深度宜控制在2.0～6.0m。

5 对于岩溶地区桩基，施工前应辨识施工过程风险，应根据地质情况确定钻机类型和成孔工艺，宜采用全套管全回转钻机施工。

6 软土路基段桥梁应先填筑路基，待路基稳定后再施工桥台桩基；改河路段桥梁应先开挖河道后再施工桥梁桩基。

6.5.2 明挖地基施工应符合下列规定：

1 基坑开挖前，应根据地质水文、周边构（建）筑物及地下管线等情况，确定开挖、支护及降排水方式。

2 基坑顶部四周宜设置截水沟或排水沟，基坑底部可根据现场及地质情况采用集水坑或井点降水法排水。

3 基坑应避免超挖，挖至设计高程后不得长时间暴露、被水浸泡或被扰动，应及时检验基坑尺寸、高程及基底承载力。

4 基底承载力不满足设计要求时，应报请勘察、设计单位确定处理方案。

5 基础结构施工完后应及时回填基坑并分层碾压密实。

6.5.3 承台、桩顶系梁施工应符合下列规定：

1 承台、桩顶系梁基坑采用放坡开挖时，应符合本指南第6.5.2条的规定。

2 水中承台、桩顶系梁应根据水文地质条件采用排水明挖法或围堰法施工，采用围堰法施工时应对围堰进行专项设计。

3 桩头破除后，桩顶四周混凝土保护层应无破损且顶面平整无凹陷。基坑垫层顶高程应低于基桩顶面，保证基桩深入承台的长度满足设计要求。

4 混凝土浇筑前，应检查墩柱、桥台等预埋钢筋数量及定位。

5 混凝土浇筑时，下落高度不宜大于2m；大于2m时应采用串筒、溜槽、滑槽等措施。

6 承台、桩顶系梁模板可结合当地资源及条件选用满足施工要求的胶合板，有条件的可以选用钢模板。

6.5.4 墩柱、盖梁及柱间系梁施工应符合下列规定：

1 墩柱、盖梁及柱间系梁模板应采用钢模板，桥墩高度小于10m时应一次浇筑；高度大于10m时，应分节段浇筑，节段高度宜根据施工环境条件和钢筋定尺长度等因素确定。

2 采用通长贯通对拉螺杆加固模板时应加装衬套，拆模后衬套内用桥梁结构同等强度混凝土及时封堵。

3 盖梁及柱间系梁可采用支架法、抱箍托架法施工，不得利用墩柱开槽或钢棒贯穿墩柱作为盖梁或柱间系梁施工支架支撑点，涉及临时结构应进行受力分析计算。

4 盖梁及柱间系梁施工底模板卸落应采用卸落块、砂筒、自锁式液压千斤顶，不得采用无漏油保险装置的液压千斤顶。

6.5.5 桥台施工应符合下列规定：

1 重力式桥台施工前应根据设计要求对地基承载力进行检验，不满足要求时应进行换填或加固处理。

2 桥台混凝土强度达到设计要求且完成防水处理后方可回填，回填时应台前、台后对称施工，回填压实度应满足设计要求。

6.5.6 就地现浇桥梁地基及下部结构施工应符合现行行业标准《公路桥涵施工技术规范》（JTG/T 3650）的有关规定；预制安装墩台身、盖梁施工应符合现行行业标准《公路装配式混凝土桥梁施工技术规范》（JTG/T 3654）的有关规定。

条文说明

随着绿色发展理念的推行，为减少施工对现场的破坏、加快施工进度，装配式混凝土桥梁应用越来越多。中铁二十四局集团有限公司依托承建项目，研发了多项针对预制桥墩的新技术、新设备，形成了专利、工法、标准等系列成果。其中主编的中国铁建股份有限公司企业技术标准《桥墩预制拼装技术规程》（Q/CRCC 33501—2021）为预制安装墩台身、盖梁施工积累了经验，具有一定指导意义。

6.6 圬工结构

6.6.1 在天然地基上施工圬工基础砌体时，应对基底承载力进行检验，不满足设计要求时需进行处理。

6.6.2 圬工砌体结构中沉降缝、伸缩缝、泄水孔及防水层的设置应符合设计规定。

6.6.3 圬工砌体结构所用材料在符合现行行业标准《公路路基设计规范》（JTG D30）、《公路圬工桥涵设计规范》（JTG D61）有关规定的条件下，应优先选用当地地材资源。

6.6.4 桥梁墩台身圬工砌体、附属工程圬工砌体、圬工砌体勾缝及养护应符合现行行业标准《公路桥涵施工技术规范》（JTG/T 3650）的有关规定。

6.7 改扩建桥梁施工

6.7.1 改扩建桥梁施工前，应编制专项施工方案，大桥及特大桥梁拆除施工方案应按有关规定组织专家论证。

6.7.2 改扩建桥梁施工应对既有桥梁平面及高程进行复测，控制新建桥梁与既有桥梁纵、横面衔接的可实施性和连续性。

6.7.3 桥梁拼宽或加宽施工应在既有桥梁侧采取有效的防护措施。

6.7.4 桥梁拆除施工应符合现行行业标准《城市梁桥拆除工程安全技术规范》（CJJ 248）的有关规定，拆除的废旧材料宜进行再利用。

6.7.5 桥梁拼宽或加宽施工前，应加强既有桥梁现状及病害核查，核对设计文件，现场与设计不符时应对施工方案进行调整。

6.7.6 桥梁拼宽或加宽连接的方式应符合设计要求，混凝土结合面凿毛应露出新鲜密实混凝土的粗集料并清洗干净。

6.7.7 当既有桥梁桥面铺装层已损坏且不满足通行需求时，桥梁拼宽或加宽的桥面铺装应先将既有桥梁的桥面铺装层凿除并清理干净后，再进行全桥桥面铺装层施工。

6.7.8 桥梁拼宽或加宽施工期间有通行需求时，交通组织应符合现行国家标准《城市道路交通组织设计规范》（GB/T 36670）、《高速公路改扩建交通组织设计规范》（JTG/T 3392）的有关规定。

6.7.9 改扩建桥梁施工相关要求还应符合现行行业标准《公路桥涵施工技术规范》（JTG/T 3650）的有关规定。

6.8 桥面及附属设施

6.8.1 桥面铺装施工应符合下列规定：
1 水泥混凝土桥面铺装宜每孔一次浇筑完成；确实需要分块浇筑时，分缝应按照施工缝处理，并在分缝处增加防裂钢筋或钢筋网片。
2 沥青混凝土桥面铺装施工前，应先对水泥混凝土梁面或调平层进行凿毛或刻纹处理并施工防水黏结层。
3 钢桥面铺装施工前应制定专项施工方案并宜做试验段，试验段铺设应包括钢桥面铺装的全部工序。钢梁顶面在铺装前应喷丸或抛丸除锈并做防锈处理；钢桥面铺装宜避开雨季及夜间施工；不得采用钻孔法而应采用无损检测法对钢桥面沥青混凝土铺装进行检测。

6.8.2 桥面防水与排水应符合下列规定：
1 桥面防水层的层数和采用的材料应符合设计要求，材料的性能和质量应符合材料标准的有关规定。
2 桥面防水层材料应在进场时进行检测，符合材料标准后方可使用。铺设前应清理桥面浮浆和各类杂物，防水层在横桥向应闭合铺设；通过伸缩缝或沉降缝时，应按设计规定铺设；水泥混凝土桥面铺装层采用织物与沥青黏合的防水层时，应设置隔断缝；防水层不宜在雨天或低温下铺设。
3 泄水孔顶面不宜高于水泥混凝土调平层的顶面，且宜在泄水孔的边缘设置渗水盲沟，使桥面上的积水能顺利排出；泄水管安装应符合设计规定，并应合理设置泄水口的位置，使排水不会冲刷墩台基础。

6.8.3 伸缩装置施工应符合下列规定：

1 伸缩装置的规格、性能应符合设计要求，并符合现行行业标准《公路桥梁伸缩装置通用技术条件》（JT/T 327）的有关规定。

2 伸缩装置的钢构件应外观光洁、平整，不得扭曲变形，且应进行防腐处理。伸缩装置应在工厂进行预组装，出厂时应附产品质量合格证明文件。

3 桥面铺装完成后，伸缩装置宜采用反开槽的方式进行安装。

6.8.4 防撞护栏施工应符合下列规定：

1 混凝土防撞护栏施工模板宜采用钢模板或塑钢模板，模板安装时宜在其顶部和底部各设 1 道对拉螺杆。

2 防撞护栏钢筋应与梁体预埋钢筋之间进行可靠连接。

3 钢结构护栏应按设计要求进行防腐涂装，护栏预埋件定位要准确，并符合现行行业标准《公路交通安全设施施工技术规范》（JTG/T 3671）的有关规定。

6.8.5 支座、垫石及挡块施工应符合下列规定：

1 支座型号及参数应符合设计要求，并按规范要求进行抽样检验，合格后方可使用。板式支座应符合现行行业标准《公路桥梁板式橡胶支座》（JT/T 4）的有关规定，盆式支座应符合现行行业标准《公路桥梁盆式支座》（JT/T 391）的有关规定，球型支座应符合现行国家标准《桥梁球型支座》（GB/T 17955）的有关规定。

2 墩台帽、盖梁施工时应预埋支座垫石、挡块及耳背墙钢筋，还应预留支座安装螺栓孔。

3 支座安装前，应对垫石的混凝土强度、平面尺寸、顶面高程、预留螺栓孔和预埋钢板等进行复查。

4 支座安装完后，其顶面应保持水平，不得有偏斜或脱空等现象。

5 垫石、挡块宜与墩台帽、盖梁一同浇筑且混凝土强度等级应与墩台帽、盖梁等级相同。当垫石厚度大于 15cm 时可分开浇筑，但混凝土强度等级应不低于墩台帽、盖梁等级。

6.8.6 台背回填及锥坡施工应符合下列规定：

1 应结合当地施工机械设备资源，选择合适的台背回填压实工艺；当条件困难时，可采用水密法压实，局部边角处可采用小型夯实机具压实；具备条件时可采用大型压路机压实。

2 台背回填应逐层填筑、逐层碾压检测，分层厚度不宜大于 20cm。

3 具备条件时，台背回填可采取绕台环形压实法，台背和锥坡的回填宜同步进行，压实度应满足设计要求。

4 采用水密法回填施工前，应将基槽清理干净，排除淤泥和积水，并在台后两侧底部和侧面埋设反滤层及 PVC 管；回填材料应采用天然级配砂砾或石屑，回填松铺厚度应通过工艺试验确定，注水的同时应采用插入式振动器或平板振动器振捣密实，每层填筑完后应进行压实度检测，合格后方可进行下一层填筑。

5　锥坡台前护面应在填土稳定后进行。

6　台背回填施工相关要求还应符合现行行业标准《公路路基施工技术规范》（JTG/T 3610）的有关规定。

6.8.7　桥头搭板施工应符合下列规定：

1　桥头搭板下填料宜以透水性材料为主，并应分层填筑压实。

2　钢筋混凝土搭板宜采用就地浇筑施工，搭板顶面应拉毛处理。

6.8.8　桥梁信息公示牌、限速、限载标志应符合下列规定：

1　桥梁信息公示牌、限速、限载标志的版面内容应符合设计或规范要求，桥梁信息公示牌宜设置在桥梁两端行车方向右侧桥台护栏上；限载标志宜设置在应进行限载的桥梁前适当位置及最近的与等级公路平面交叉处。

2　桥梁信息公示牌、限速、限载标志设置还应符合现行行业标准《公路交通安全设施设计规范》（JTG D81）、《公路交通标志和标线设置规范》（JTG/T D82）、《公路限速标志设计规范》（JTG/T 3381-02）的有关规定。

条文说明

2021年2月26日，交通运输部办公厅发布《公路桥梁信息公示牌设置要求》和《公路桥梁限载标志设置要求》（交办公路〔2021〕20号），桥梁信息公示牌、限速、限载标志设置应符合上述文件规定及要求。

6.9　安全施工

6.9.1　农村公路桥梁施工应贯彻"安全第一、预防为主、综合治理"的方针。施工前应对各种危险源进行辨识和评估。对危险性较大的分部分项工程应制定专项方案；对存在重大危险源的工程，应预先建立重大事故应急预案并组织演练。

6.9.2　施工过程应按国家有关规定提取、使用安全生产费用，并足额配备安全生产管理人员，施工从业人员配齐劳动保护用品及用具。

6.9.3　施工前应对施工现场从业人员进行安全生产教育培训，并应逐级进行安全技术交底；特种作业人员应持证上岗。

6.9.4　农村公路桥梁施工还应遵守工程所在地的安全施工、环境保护等地方性规定。

6.9.5 驻地和场站建设应符合下列规定：

1 施工现场驻地和场站应选在地质良好的地段，应避开易发生滑坡、塌方、泥石流、崩塌、落石、洪水、雪崩等危险区域，宜避让取土、弃土场地。

2 施工现场生产区、生活区、办公区应分开设置，距离集中爆破区不应小于500m。

3 施工现场临时用房、临时设施、生产区、生活区、办公区的防火间距应符合现行国家标准《建设工程施工现场消防安全技术规范》（GB 50720）的有关规定。

4 办公区、生活区宜避开存在噪声、粉尘、烟雾或对人体有害物质的区域，无法避开时应设在噪声、粉尘、烟雾或对人体有害物质所在区域最大频率风向的上风侧。

5 施工现场原材料、半成品、成品、预制构件等堆放及机械、设备停放应整齐、稳固、规范、标识清楚，且不得侵占场内道路或影响安全。

6 材料加工场宜采用轻钢结构，设置围墙或围栏防护实行封闭管理。加工场设计应采取防雨雪、防风等措施，场内应设置明显的安全警示标志及相关工种的操作规程。

7 预制场、拌合站应合理分区、硬化场地，并应设置排水设施；拌合及起重设备基础的地基承载力应满足要求，并应设置防倾覆及防雷设施；材料、半成品及成品存放区地基应稳定。

8 施工现场临时用电应符合现行行业标准《施工现场临时用电安全技术规范》（JGJ 46）的有关规定。

6.9.6 施工便道和便桥应符合下列规定：

1 施工便道应根据运输荷载、使用功能、环境条件进行选线设计，不得破坏原有水系、降低原有沟渠、河道泄洪能力。

2 施工便桥应根据使用要求和水文条件进行设计，通航水域搭设施工便桥应取得海事及河道部门批准，并应设置限宽、限速、限载、通航警示等标志，建成后应验收。

3 双车道施工便道宽度不宜小于6.5m，单车道施工便道宽度不宜小于4.5m，并宜设置错车道，错车道应设在视野良好地段，间距不宜大于300m。设置错车道路段的施工便道宽度不宜小于6.5m，有效长度不宜小于20m。

4 施工便道路拱坡度应根据路面类型和现场自然条件确定，并应大于1.5%；沿线还应根据需要设置排水沟，跨越沟渠设置圆管涵等排水设施。

5 施工便道在急弯、陡坡、连续转弯等危险路段应进行硬化及设置警示标志，并根据需要在易发生落石、滑坡等危险路段应设置防护设施。

6 施工便道与既有道路平面交叉处应设置道口警示标志，有高度限制的还应设置限高架。

7 施工便桥应设置行车限速、防船舶碰撞、防人员触电及落水等安全警示标志和救生器材，两侧应设置高度不低于1.2m的防护栏杆及满足施工要求的照明设施。

8 长距离施工便桥应设置会车、掉头区域，间隔不宜大于500m；通过便桥的电缆应绝缘良好，并应固定在便桥的一侧。

9 施工便桥应设专人管理，非施工车辆及人员不得进入，非施工船舶不得靠泊。

6.9.7 施工临时用电及电缆线敷设应符合下列规定：

1 施工现场临时用电、电缆线敷设应符合现行国家标准《建设工程施工现场供电用电安全规范》（GB 50194）、《施工现场临时用电安全技术规范》（JGJ 46）的有关规定。

2 施工用电设备数量在 5 台及以上，或用电设备容量在 50kW 及以上时，应编制临时用电专项施工方案。

3 施工现场临时用电工程专用的电源中性点直接接地的 220V/380V 三相四线制低压电力系统，应采用三级配电系统、TN-S 接零保护系统及二级保护系统。

4 施工桥址附近有架空高压线、埋地光电缆、油气管道时，应先制定保护方案，方案获批后方可施工。

5 架空线路宜避开施工作业面、作业棚、生活设施与器材堆放场地，架空线路边线无法避开在建工程的安全距离或施工现场的机动车道与外电架空线路交叉时，架空线路的最低点与路面的垂直安全距离应符合现行行业标准《施工现场临时用电安全技术规范》（JGJ 46）的有关规定。

6 施工现场开挖沟槽边缘与埋设电缆沟槽边缘的安全距离不得小于 0.5m，地下埋设电缆应设防护管，架空铺设电缆应沿墙或电线杆做绝缘固定。

7 每台用电设备应独立设置开关箱；开关箱应安装隔离开关及短路、过载、漏电保护器，不得设置分路开关；配电箱、开关箱的电源进线端不得用插头和插座做活动连接。

8 遇有临时停电、停工、检修或移动电气设备时，应关闭电源。

6.9.8 生产、生活用水应符合下列规定：

1 生活饮用水水质应符合现行国家标准《生活饮用水卫生标准》（GB 5749）的有关规定。

2 施工现场搭设的水塔、水箱等储水设施应稳固、牢靠，并应采取防倾覆措施。

6.9.9 施工机械设备应符合下列规定：

1 应制定施工机械设备安全技术操作规程，建立设备安全技术档案。

2 施工机械设备进场前应查验机械设备证件、性能状况；进场后，应向操作人员进行安全技术交底。

3 特种设备现场安装、拆除应由具有相应作业资质的专业分包单位实施。

4 门式起重机、架桥机等轨道行走类设备应设置夹轨器和轨道限位器。轨道基础承载力、宽度、平整度、坡度、轨距、曲线半径等应满足产品说明书和设计要求。

5 机械设备集中停放的场所应设置消防通道，并配备消防器材。

6 施工现场专用机动车辆驾驶人员应按相关规定经过专门培训，并应取得相应资格证书；施工现场运输车辆应状态良好，车身应设置反光警示标志。

6.9.10 基桩施工应符合下列规定：

1 基桩施工作业应设置警戒区，停钻或施工完的桩孔应加盖防护，桩孔及泥浆池四周应设置临边护栏，悬挂警示标志。

2 钻机应安放平稳、牢固，并应按规定设置避雷装置及抗倾覆措施。

6.9.11 基坑开挖应符合下列规定：

1 基坑开挖宜在枯水及少雨季节进行，开挖时应采取有效的降、排水措施。

2 基坑四周2m范围内不得堆载、停放设备，且应设置临边栏杆，靠近道路或河道侧还应设置各类安全警示标志。

3 基坑开挖及基础施工时，应加强基坑监控量测，收集基坑变形数据，控制基坑变形，并应在基坑中设置供作业人员上下的安全通道及逃生通道。

6.9.12 模板支架施工应符合下列规定：

1 模板支架所用周转材料进场使用前，应对材料构配件进行质量验收，合格后方可使用。

2 模板支架基础顶面应设置排水坡，基础四周设置排水沟。

3 支架搭设、拆除时应采用警戒绳设置安全作业警示区域，并对交通、航道等通行易碰撞部位设置警示标志、警示灯或防撞墩等防碰撞措施。

4 模板支架在使用期间，不得拆除支架受力杆件；当达到拆除条件时，应按专项施工方案要求进行落架拆除。

6.9.13 机具、机械及预应力筋张拉、压浆应符合下列规定：

1 施工机具、机械应有出厂合格证及操作说明书，并应建立管理制度及台账，定期检查并维护保养。

2 预应力筋张拉作业应设置警戒区，梁端宜采用吊架进行千斤顶搬运及位置调整，张拉作业时，梁端应设置挡板且梁端后方严禁站人或行人穿越，管道压浆时，作业人员应佩戴护目镜。

6.9.14 高处作业应符合下列规定：

1 高处作业前，应逐级进行安全技术交底，并应落实安全技术措施，施工过程应加强安全防护设施检查，及时消除存在的缺陷及隐患。

2 高处施工作业时，施工操作人员应正确佩戴安全帽，系好安全带，并应设置安全防护设施。

3 高处作业设置的走梯、通道等应随时清扫干净，并应采取可靠的防滑、防冻措施。对高处可能坠落的物件，应先行拆除或加以固定，拆下的物件和余料应及时清理，严禁抛掷。

4 在高处拆除模板或脚手架时，应设置警戒区，并应派专人监护。拆除应自上而下，严禁上下同时拆除。

5 遭遇6级以上强风、浓雾、暴雨或暴风雪等恶劣气候时，施工人员不得进行高处作业。台风、暴雨或暴风雪过后，应对安全防护设施进行全面检查，发现异常应采取加固措施。

6 高处作业安全管理还应符合现行行业标准《建筑施工高处作业安全技术规范》（JGJ 80）的有关规定。

6.9.15 水上作业应符合下列规定：

1 水上作业用的船舶或浮体应经船舶检验部门检验合格后方可使用。作业前应随时掌握当地气象、水文等情况，抛锚、定位时应保持船体稳定，并设置警示标志。

2 水上作业用的船舶或浮体均应配备救生和消防设施，作业人员应穿救生衣。

条文说明

当农村公路桥梁跨越内河通航水域时，其施工还应遵守 2002 年 8 月 1 日实施的《中华人民共和国内河交通安全管理条例》（中华人民共和国国务院令第 355 号）及 2021 年 9 月 1 日实施的《中华人民共和国水上水下作业和活动通航安全管理规定》（中华人民共和国交通运输部令 2021 年第 24 号）的有关规定。

6.9.16 预制梁构件运输及安装应符合下列规定：

1 作业前应考察运输路线、吊装场地，根据工程特点及作业环境编制专项施工方案，经批准后方可实施。

2 采用平板拖车或超长拖车运输预制梁构件时，车长应能满足支点间的距离要求，支点处应设活动转盘以防损伤构件，运输时应按高度方向竖立放置，并设置防倾覆措施；装卸时，应在支撑稳妥后松除吊钩。

3 水上运输预制梁构件时，应有相应的封舱加固安全技术措施，并应根据天气状况安排装卸和运输作业时间，同时还应满足水上作业的相关规定。

4 起重吊装作业前，应对作业人员进行专业培训及安全技术交底，特种作业人员应持证上岗。起重吊装使用的机械设备及吊索具应检查验收，并应按规定进行试运转和试吊。正式吊装前，应对起重设备运行的道路及作业区域进行检查。

5 当起重机司机无法看清作业地点或信号指示时，应设置信息传递人员。采用不同起重设备进行吊装作业时，应根据不同起重设备的特点，采取相适用的安全防护措施。采用双机抬吊时，两台起重设备性能宜相似，抬吊时应统一指挥，动作协调一致，荷载分配合理。

6 预制梁架设或架桥机过孔时，严禁行人、车辆或船舶在施工作业区域通行。不得将预制梁吊挂在架桥机尾部当配重进行架桥机过孔作业。

7 预制梁架设就位后，应及时设置临时支撑防止梁体倾覆，各梁体横桥向之间应进行可靠连接。

8 预制梁构件安装还应符合现行行业标准《建筑施工起重吊装工程安全技术规范》（JGJ 276）的有关规定。

6.9.17 改扩建桥梁施工应符合下列规定：

1 桥梁拼宽或加宽前，应结合既有桥梁交通通行需求，进行交通组织设计，开展交通导改，确保施工期间道路正常通行。

2 桥梁拼宽或加宽前，应收集既有桥梁的设计、竣工文件等相关资料，进行勘测和调研，了解既有桥梁现状；还应对既有桥梁所处环境进行全面的危险源辨识，并制定相应的安全保证措施。

3 桥梁拆除时，应封闭施工现场并在拆除桥梁两端设置禁止通行的路障及警示标志。拆除宜采用低噪声的设备及施工工艺，并应加强桥梁拆除过程中的环境监测，控制施工中的粉尘、噪声，拆除材料应及时清理、分类处置并合理利用。

4 桥梁拆除应符合现行行业标准《城市梁桥拆除工程安全技术规范》（CJJ 248）、《建筑拆除工程安全技术规范》（JGJ 147）的有关规定。

6.9.18 防火、防雷设置应符合下列规定：

1 木模板、塑料制品等易燃材料应堆码整齐，远离火源。

2 起重机、架桥机、支架搭设超过一定高度时应按要求设置防雷接地装置。

3 氧气、乙炔等压力容器应按规范要求储存、搬运和使用。

4 在草木、林区等地区修建桥梁时，应遵守护林防火规定，严禁烟火。

6.9.19 自然灾害预防应符合下列规定：

1 施工前，对施工现场进行实地踏勘，了解施工现场地形地貌，根据实际情况编制自然灾害应急预案，并做好应急演练。

2 施工期间，应与气象、交通、河道、海事、应急管理等部门建立动态实时预报、预警系统，形成联动响应机制。

6.10 环境保护

6.10.1 农村公路桥梁施工应加强水土、植被保护，并应制定具体的复垦、复绿等还原方案，保护生态环境。

6.10.2 施工现场临时道路宜结合乡村道路建设规划，采取永临结合方式建设。

6.10.3 在邻近居民区施工时，应根据有关规定合理安排施工作业时间，采取有效措施降低施工机械噪声及粉尘污染。

6.10.4 基桩施工用泥浆应循环使用，严禁将泥浆随意排放，宜将泥浆进行脱水处理后再利用。

6.10.5 在水源保护区附近施工时，应采取有效措施避免污染水体。

6.11 文明施工

6.11.1 施工时，应降低施工对环境危害，实现工程建设与周边环境的和谐共处。

6.11.2 工地建设应统筹规划、分类管理、合理布局、因地制宜、节约资源，并应进行文明施工标准化设计、驻地及场站标准化建设、施工作业区标准化设置、施工现场规范化管理，保持作业现场整洁有序。

6.11.3 施工作业应和谐、文明、有序组织生产，工序应衔接交叉合理。交通安全设施、绿化及环境保护设施等应与主体工程同时设计、同时施工、同时投入生产和使用。

6.11.4 涉及交通管理设施、安防设施及公路、铁路、机场、供电、水利、通信等相关设施的应制定处置方案，与主管部门对接达成共识后方可施工。

6.11.5 应合理安排道路标线、沥青铺设等工程施工计划；施工时，应按环保等有关规定实施精细化管控。

6.11.6 涉及农村公路桥梁易扬尘的施工工序应采用湿法作业。

6.11.7 工程完工后应对临时用地内所有建筑、生活垃圾进行清理，并应按相关要求复耕或恢复。

7 质量检验评定

7.1 一般规定

7.1.1 施工准备阶段应按本指南附录 A 将建设项目划分为单位工程和分项工程，并报监理单位和建设单位审核。对于本指南附录 A 未涵盖的单位工程、分项工程，可由建设单位组织监理单位、施工单位协商确定。建设单位、监理单位、施工单位应按相同的工程项目划分进行工程质量监督和管理。

7.1.2 每座桥梁应为一个单位工程，每个单位工程可按结构部位划分成若干个分项工程。

7.1.3 工程质量评定等级应分为合格与不合格，应按分项工程、单位工程、建设项目逐级评定。评定为不合格的分项工程，应采取措施进行处理。

7.1.4 分项工程完工后，应按基本要求、实测项目、外观质量和质量保证资料进行检验，对分项工程质量进行评定。

7.1.5 单位工程完工后，应汇总所属分项工程质量评定资料，进行外观质量检查，对单位工程质量进行评定。

7.1.6 隐蔽工程在隐蔽前应由施工单位通知建设单位及监理单位进行检查，合格后方可继续施工。

7.1.7 桥梁的每个结构、构件均应检验，另有规定的除外。

7.1.8 农村公路桥梁中的中桥、大桥及预应力结构质量检验评定应符合现行行业标准《公路工程质量检验评定标准 第一册 土建工程》（JTG F80/1）的有关规定。

7.2 质量检验

7.2.1 分项工程应按基本要求、实测项目、外观质量和质量保证资料分别检查。

7.2.2 分项工程质量应在所使用的原材料、半成品、成品及施工控制要点等符合基本要求的规定，无外观质量限制缺陷且质量保证资料真实齐全时，方可进行检验评定。

7.2.3 基本要求检查应符合下列规定：
1 分项工程应对所列基本要求逐项检查，经检查不符合规定时，不得进行工程质量的检验评定。
2 分项工程所用的各种原材料的品种、规格、质量及混凝土配合比和半成品、成品应符合有关技术标准规定并满足设计要求。

7.2.4 实测项目检验应符合下列规定：
1 对检查项目应按规定的检查方法和频率进行随机抽样检验并计算合格率。
2 本指南规定的检查方法为标准方法，采用其他高效检测方法应经比对确认。
3 对于在设计和合同文件中提出了高于本指南技术要求的农村公路桥梁工程，检验评定按设计和合同文件的要求执行。
4 检查项目合格率应按式下式计算：

$$检查项目合格数 = \frac{合格的点（组）数}{该检查项目的全部检查点（组）数} \times 100\% \quad (7.2.4)$$

7.2.5 实测项目合格应符合下列规定：
1 关键项目的合格率不应低于95%，否则该检查项目为不合格。
2 一般项目的合格率不应低于80%，否则该检查项目为不合格。
3 有规定极值的检查项目，任一单个检查值不应突破规定极值，否则该检查项目为不合格。
4 应按本指南附录 C 至附录 E 所列方法进行检验评定的检查项目，不满足要求时，该检查项目为不合格。

7.2.6 对工程外观质量应进行全面检查，对于明显的外观缺陷，应采取措施进行整修或返工处理后再进行评定。

7.2.7 工程应有真实、准确、齐全、完整的施工原始记录、试验检测数据、质量检验结果等质量保证资料。质量保证资料应包括下列内容：
1 所用原材料、半成品和成品质量检验结果。
2 混凝土配合比、拌和加工控制检验和试验数据。
3 地基处理、隐蔽工程施工记录。
4 各项质量控制指标的试验记录和质量检验汇总图表。
5 施工过程中遇到的非正常情况记录及其对工程质量影响分析评价资料。
6 施工过程中如发生质量事故，经处理补救后达到设计要求的认可证明文件等。

7.3 质量评定

7.3.1 分项工程质量评定合格应符合下列规定：
1 基本要求应符合规定。
2 实测项目应达到合格标准。
3 外观质量应符合规定。
4 质量保证资料应符合规定。

7.3.2 单位工程质量评定合格应符合下列规定：
1 评定资料应完整。
2 所含分项工程的质量均应评定合格。
3 外观质量应满足要求。

7.3.3 建设项目的质量评定合格条件应为所有单位工程均评定合格。

7.3.4 评定为不合格的分项工程，经加固、补强或返工满足设计要求后，可以重新进行质量检验和评定。

7.4 桥梁总体

7.4.1 桥梁总体基本要求应符合下列规定：
1 桥梁工程应按设计文件内容全部完成。
2 桥下净空不得小于设计要求。
3 承载能力需要验证的桥梁应进行荷载试验，试验结果应满足设计要求。

7.4.2 桥梁总体实测项目应符合表 7.4.2 的规定。

表 7.4.2 桥梁总体实测项目

项次	检查项目		性能指标	检查方法和频率
1	桥面中线偏位（mm）		≤20	全站仪：每50m测1点，且不少于5点
2	桥宽（mm）	行车道	±10	尺量：每50m测1个断面，且不少于5个断面
		人行道	±10	
3	桥长（mm）		+300，−100	全站仪或钢尺：检查中心线处
4	桥面高程（mm）	$L<50m$	±30	尺量：分别将引道中心线和桥梁中心线延长至两岸桥长端部，比较其平面位置
		$L\geq50m$	±($L/5000+20$)	水准仪：桥面每侧每50m测1点，且不少于3点；跨中、桥墩、桥台处应布置测点

注：L 为桥梁跨径，计算性能指标时按 mm 计。

7.4.3 桥梁总体外观质量应符合下列规定：

1 桥梁内外轮廓线形应无异常突变。
2 结构内外部、支座、伸缩缝处应无残渣、杂物。
3 桥头不得出现跳车。

7.5 钢筋加工及安装

7.5.1 钢筋加工及安装基本要求应符合下列规定：

1 钢筋安装数量应满足设计要求。
2 钢筋的连接方式、同一连接区段内的接头面积应满足设计及规范要求；接头位置应设在受力较小处，任何连接区段内同一根钢筋不得有两个接头。
3 钢筋的搭接长度、焊接和机械接头质量应满足相关施工技术规范的规定。
4 受力钢筋表面不得有裂纹和其他损伤。
5 钢筋的保护层垫块应分布均匀，数量及材料性能应满足设计要求和有关技术规范的规定，不得采用拌制砂浆通过切割成型等方法制作的保护层垫块。
6 钢筋应安装牢固，钢筋网应有足够的钢筋支撑，在混凝土浇筑过程中钢筋不得出现移位。

7.5.2 钢筋加工及安装实测项目应符合表 7.5.2-1～表 7.5.2-3 的规定，且任一点保护层厚度的允许偏差不应超过表中数值的 1.5 倍，在受侵蚀性物质影响的环境中，保护层厚度的允许偏差不应出现负值，保护层厚度应在模板安装完成后、混凝土浇筑前检查。

表 7.5.2-1 钢筋安装实测项目

项次	检查项目		性能指标	检查方法和频率
1△	受力钢筋间距（mm）	两排以上排距	±5	尺量：长度≤20m 时，每个构件检查 2 个断面；长度＞20m 时，每个构件检查 3 个断面
		同排 梁、板、拱肋及拱上建筑	±10（±5）	
		同排 基础、墩台身、墩柱	±20	
2	箍筋、构造钢筋、螺旋筋间距（mm）		±10	尺量：每个构件测 10 个间距
3	钢筋骨架尺寸（mm）	长	±10	尺量：按骨架总数 30%抽查
		宽、高或直径	±5	
4	弯起钢筋位置（mm）		±20	尺量：每个骨架抽查 30%
5△	保护层厚度（mm）	梁、板、拱肋及拱上建筑	±5	尺量：每个构件各立模板每 3m² 检查 1 处，且每个侧面不少于 5 处
		基础、墩台身、墩柱	±10	

注：1. 小型构件的钢筋安装按总数抽查 30%；
2. 基础不包括混凝土桩基；
3. 项次 1 性能指标的括号中的数字适用于钢混组合梁桥面板的预制。

表 7.5.2-2 钢筋网实测项目

项次	检查项目		性能指标	检查方法和频率
1	网的长、宽（mm）		±10	尺量：逐边测
2	网眼尺寸（mm）		±10	尺量：测5个网眼
3	网眼对角线差（mm）		±15	尺量：测5个网眼
4	网的安装位置（mm）	平面内	±20	尺量：测每网片边线中点
		平面外	±5	

表 7.5.2-3 钻（挖）孔灌注桩钢筋安装实测项目

项次	检查项目	性能指标	检查方法和频率
1	主筋间距（mm）	±10	尺量：每段测2个断面
2	箍筋或螺旋筋间距（mm）	±20	尺量：每段测10个间距
3	钢筋骨架外径或厚、宽（mm）	±10	尺量：每段测2个断面
4	钢筋骨架长度（mm）	±100	尺量：每个骨架测2处
5	钢筋骨架底端高程（mm）	±50	水准仪：测顶端高程，用骨架长计算
6△	保护层厚度（mm）	+20，-10	尺量：测每段钢筋骨架外侧定位块处

7.5.3 钢筋加工及安装外观质量应符合下列规定：

1 钢筋表面无裂皮、油污、颗粒状或片状锈蚀及焊渣、烧伤，绑扎或焊接的钢筋网和钢筋骨架不得松脱和开焊。

2 焊接接头、连接套筒不得出现裂纹。

7.6 砌体

7.6.1 砌体基本要求应符合下列规定：

1 地基承载力应满足设计要求，严禁地基超挖后回填虚土。

2 砌块应错缝、坐浆挤紧，缝宽均匀，砌块间嵌缝料和砂浆应饱满。

3 拱圈的辐射缝应垂直于拱轴线，辐射缝两侧相邻两行拱石的切缝错开距离应不小于100mm。

4 拱架应牢固、稳定，严格按设计要求布置。

5 勾缝砂浆强度不得小于砌筑砂浆强度。

7.6.2 砌体实测项目应符合表7.6.2-1～表7.6.2-4的规定。

表 7.6.2-1 基础砌体实测项目

项次	检查项目	性能指标	检查方法和频率
1△	砂浆强度（MPa）	在合格标准内	按本指南附录C检查
2	轴线偏位（mm）	≤25	全站仪：纵、横向各测2点

表 7.6.2-1（续）

项次	检查项目		性能指标	检查方法和频率
3	平面尺寸（mm）		±50	尺量：长度、宽度各测 3 处
4	顶面高程（mm）		±30	水准仪：测 5 处
5	基底高程（mm）	土质基底	±50	水准仪：测 5 处
		石质基底	+50，−200	

表 7.6.2-2 墩、台身砌体实测项目

项次	检查项目		性能指标	检查方法和频率
1Δ	砂浆强度（MPa）		在合格标准内	按本指南附录 C 检查
2	轴线偏位（mm）		≤20	全站仪：纵、横向各测 2 点
3	墩台长、宽（mm）	料石	+20，−10	尺量：测 3 个断面
		块石	+30，−10	
		片石	+40，−10	
4	竖直度或坡度（%）	料石、块石	≤0.3	铅锤法：测两轴线位置共 4 处
		片石	≤0.5	
5Δ	墩、台顶面高程（mm）		±10	水准仪：测 5 处
6	侧面平整度（mm）	料石	≤10	2m 直尺：每 20m² 测 1 处，且不少于 3 处，每处测竖直、水平两个方向
		块石	≤20	
		片石	≤30	

表 7.6.2-3 拱圈砌体实测项目

项次	检查项目			性能指标	检查方法和频率
1Δ	砂浆强度（MPa）			在合格标准内	按本指南附录 C 检查
2	砌体外侧平面偏位（mm）	无镶面	向外	≤30	全站仪：测拱脚、拱顶、1/4 跨、3/4 跨处两侧
			向内	≤10	
		有镶面	向外	≤20	
			向内	≤10	
3Δ	拱圈厚度（mm）			+30，−10	尺量：测拱脚、拱顶、1/4 跨、3/4 跨处两侧
4	相邻镶面石砌块表面错位（mm）	料石、混凝土预制块		≤3	拉线用尺量：测 5 处
		块石		≤5	
5Δ	内弧线偏离设计弧线（mm）	$L \leq 30m$		≤0.5	铅锤法：测 5 处
		$L > 30m$		≤0.3	
		1/4 跨、3/4 跨处极值		允许偏差的 2 倍且反向	水准仪：测拱脚、拱顶、1/4 跨、3/4 跨处两侧高程

注：L 为桥梁跨径，计算性能指标时按 mm 计。

表 7.6.2-4 侧墙砌体实测项目

项次	检查项目			性能指标	检查方法和频率
1△	砂浆强度（MPa）			在合格标准内	按本指南附录 C 检查
2	外侧平面偏位（mm）	无镶面	向外	≤30	全站仪：测 5 处
			向内	≤10	
		有镶面	向外	≤20	
			向内	≤10	
3△	宽度（mm）			+40，-10	尺量：测 5 处
4	顶面高程（mm）			±10	水准仪：测 5 处
5	竖直度或坡度（%）	片石砌体		≤0.5	铅锤法：测 5 处
		块石、粗料石、混凝土块镶面		≤0.3	
6	平整度（mm）	料石		≤10	2m 直尺：每 20m² 测 1 处，且不少于 3 处，每处测竖直、水平两个方向
		块石		≤20	
		片石		≤30	

7.6.3 砌体外观质量应符合下列规定：

1 砌缝开裂、勾缝不密实和脱落的累计换算面积不得超过该面面积的 1.5%，单个换算面积不应大于 0.04m²，且不应存在宽度超过 0.5mm、长度大于砌块尺寸的非受力砌缝裂隙。换算面积应按缺陷裂缝长度乘以 0.1m 计算。

2 砌缝应无空洞、宽缝、大堆砂浆填隙和假缝。

7.7 基础

7.7.1 混凝土扩大基础应符合下列规定：

1 混凝土扩大基础基本要求应符合下列规定。

1）基底处理及地基承载力应满足设计要求。

2）地基超挖后严禁回填虚土。

2 混凝土扩大基础实测项目应符合表 7.7.1 的规定。

表 7.7.1 混凝土扩大基础实测项目

项次	检查项目		性能指标	检查方法和频率
1△	混凝土强度（MPa）		在合格标准内	按本指南附录 D 检查
2	平面尺寸（mm）		±50	尺量：长、宽度各测 3 处
3	基础底面高程（mm）	土质基底	±50	水准仪：测 5 处
		石质基底	+50，-200	
4	基础顶面高程（mm）		±30	水准仪：测 5 处
5	轴线偏位（mm）		≤25	全站仪：纵、横各测 2 点

3 混凝土扩大基础外观质量应符合下列规定。
 1）混凝土表面应无垃圾、杂物，临时预埋件已清理并修补完成。
 2）混凝土表面不应存在本指南附录 B 所列限制缺陷。

7.7.2 钻孔灌注桩应符合下列规定：

1 钻孔灌注基桩本要求应符合下列规定。
 1）成孔后应清孔，并测量孔径、孔深、孔位、倾斜度及钻渣沉淀厚度，确认满足设计要求及施工技术规范的规定后，方可灌注水下混凝土。
 2）水下混凝土应连续灌注，灌注时钢筋笼不应上浮。
 3）桩头嵌入承台的锚固钢筋长度不得小于设计要求的锚固长度。
2 钻孔灌注桩实测项目应符合表 7.7.2 的规定。

表 7.7.2 钻孔灌注桩实测项目

项次	检查项目		性能指标	检查方法和频率
1△	混凝土强度（MPa）		在合格标准内	按本指南附录 D 检查
2	桩位（mm）	群桩	≤100	全站仪：每桩测中心坐标
		排架桩	≤50	
3△	孔深（m）		≥设计值	
4	孔径（mm）		≥设计值	探孔器或超声波成孔检测仪：每桩测量
5	钻孔倾斜度（mm）		≤1%S，且≤500	钻杆垂线法或超声波成孔检测仪：每桩测量
6	沉淀厚度（mm）		满足设计要求	沉淀盒或测渣仪：每桩测量
7△	桩身完整性		满足设计要求；设计未要求时，每桩不低于Ⅱ类	满足设计要求；设计未要求时，采用低应变反射波法或超声波法：每桩检测

注：S 为桩长，计算性能指标时以 mm 计。

3 钻孔灌注桩外观质量应符合下列规定。
 1）凿除桩头预留混凝土后，桩顶应无残余的松散混凝土。
 2）外露混凝土表面不应存在本指南附录 B 所列限制缺陷。

7.7.3 承台应符合下列规定：

1 承台基本要求应符合下列规定。
 1）水化热引起的混凝土内最高温度及内表温差应控制在允许范围内。
 2）施工缝的设置及处理应满足设计要求及相关施工技术规范的规定。
2 承台实测项目应符合表 7.7.3 的规定。

表 7.7.3 承台实测项目

项次	检查项目		性能指标	检查方法和频率
1△	混凝土强度（MPa）		在合格标准内	按本指南附录 D 检查
2	平面尺寸（mm）	$B<30m$	±30	尺量：测 2 个断面
		$B≥30m$	±B/1000	

表 7.7.3（续）

项次	检查项目	性能指标	检查方法和频率
3	结构厚度（mm）	±30	尺量：测 5 处
4	顶面高程（mm）	±20	水准仪：测 5 处
5	轴线偏位（mm）	≤15	全站仪：纵、横向各测 2 点
6	平整度（mm）	≤8	2m 直尺：每侧面每 20m² 测 1 处，且不少于 3 处；每处测竖直、水平两个方向

注：B 为边长或直径，计算性能指标时按 mm 计。

3 承台外观质量应符合下列规定。

1）混凝土表面不应存在本指南附录 B 所列限制缺陷。

2）混凝土表面应无垃圾、杂物，临时预埋件已清理并修补完成。

7.8 混凝土墩、台身

7.8.1 混凝土墩、台身现浇及安装基本要求应符合下列规定：

1 模板及支架的强度、刚度、稳定性应符合施工技术规范的规定。

2 施工缝设置及处理应满足设计要求及施工技术规范的规定。

3 墩、台身预制件应检验合格后，再进行安装。

4 预制节段胶结材料的品种和技术性能应满足设计要求，接缝填充应密实。

5 墩、台身埋入基座坑内深度应满足设计要求。

7.8.2 混凝土墩、台身实测项目应符合表 7.8.2-1 ~ 表 7.8.2-4 的规定。

表 7.8.2-1 现浇墩、台身实测项目

项次	检查项目		性能指标	检查方法和频率
1Δ	混凝土强度（MPa）		在合格标准内	按本指南附录 D 检查
2	断面尺寸（mm）		±20	尺量：每个施工节段测 1 个断面，不分段施工的测 2 个断面
3	全高竖直度（mm）	$H \leq 5m$	≤5	全站仪：纵、横向各测 2 处
		$5m < H \leq 60m$	≤H/1000，且≤20	
		$H > 60m$	≤H/3000，且≤30	
4	顶面高程（mm）		±10	水准仪：测 3 处
5Δ	轴线偏位（mm）	$H \leq 60m$	≤10，且相对前一节段≤8	全站仪：每个施工节段测顶面边线与两轴线交点
		$H > 60m$	≤15，且相对前一节段≤8	
6	节段间错台（mm）		≤5	尺量：测每节每侧面
7	平整度（mm）		≤8	2m 直尺：每侧面每 20m² 测 1 处，每处测竖直、水平两个方向
8	预埋件位置（mm）		满足设计要求，设计未规定时≤5	尺量：每件测

注：H 为墩台身高度，计算性能指标时以 mm 计。

表 7.8.2-2 现浇墩、台帽或盖梁实测项目

项次	检查项目	性能指标	检查方法和频率
1Δ	混凝土强度（MPa）	在合格标准内	按本指南附录 D 检查
2	断面尺寸（mm）	±20	尺量：测 3 个断面
3	轴线偏位（mm）	≤10	全站仪：纵、横各测 2 点
4	顶面高程（mm）	±10	水准仪：测 5 点
5	支座垫石预留位置（mm）	≤10	尺量：逐个检查
6	平整度（mm）	≤8	2m 直尺：每侧面测 3 处，每处测长度方向

表 7.8.2-3 预制墩台身、盖梁实测项目

项次	检查项目		性能指标	检查方法和频率
1Δ	混凝土强度（MPa）		在合格标准内	按本指南附录 D 检查
2	断面尺寸（mm）	外轮廓	±15	尺量：测 2 个断面
		壁厚	±10	
3	高度（mm）		±10	尺量：测中心线处
4	平整度（mm）		≤5	2m 直尺：每个侧面测 1 处，每处测竖直、水平两个方向
5	支座垫石预留锚孔位置（mm）		≤10	尺量：逐个检查
6	墩顶预埋件位置（mm）		≤5	尺量：每件测

注：实际工程中未涉及的项目不检查。

表 7.8.2-4 墩台身、盖梁安装实测项目

项次	检查项目		性能指标	检查方法和频率
1Δ	轴线偏位（mm）	H≤60m	≤10，且相对前一节段≤8	全站仪：每施工节段测顶面边线与两轴线交点
		H>60m	≤15，且相对前一节段≤8	
2	顶面高程（mm）		±5	水准仪：测 5 处
3	全高竖直度（mm）	H≤5m	≤5	全站仪或铅锤法：纵、横向各测 2 处
		5m<H≤60m	≤H/1000，且≤20	
		H>60m	≤H/3000，且≤30	
4	节段间错台（mm）		≤3	尺量：测每节每侧面
5Δ	湿接头混凝土强度（MPa）		在合格标准内	按本指南附录 D 检查

注：H 为墩台高，计算性能指标时以 mm 计。

7.8.3 混凝土墩、台身外观质量应符合下列规定：

1 混凝土表面不应存在本指南附录 B 所列限制缺陷。
2 混凝土表面应无垃圾、杂物，临时预埋件已清理并修补完成。
3 接缝填充材料不得存在脱落和开裂现象。

7.9 装配式梁、板预制安装

7.9.1 装配式梁、板预制安装基本要求应符合下列规定：

1 拼接粗糙面质量及接缝填充材料应满足设计要求，接缝填充密实。

2 装配式梁、板在吊移出预制底座时，混凝土强度不得低于设计所要求的吊装强度，预制件不得受到损伤；安装时，墩台、盖梁、垫石等支承结构的强度应满足设计要求。

3 装配式梁、板安装前，梁、板须验收合格，墩台、盖梁、垫石等支承结构与预埋件的尺寸、高程、平面位置应符合设计要求；梁、板安装就位完毕须检验校正，梁底与支座及支座底与垫石顶应密贴，临时支撑应稳固。

7.9.2 装配式梁、板预制安装实测项目应符合表7.9.2-1、表7.9.2-2的规定。

表7.9.2-1 梁、板预制实测项目

项次	检查项目				性能指标	检查方法和频率
1Δ	混凝土强度（MPa）				在合格标准内	按本指南附录D检查
2	梁长度（mm）			总长度	+5，-10	尺量：每梁顶面中线、底面两侧
				梁段长度	0，-2	
3Δ	断面尺寸（mm）	宽度	箱梁	顶宽	±20（±5）	尺量：检查3处
				底宽	±10（+5，0）	
			其他梁、板	干接缝（梁翼缘、板）	±10（±3）	尺量：检查2个断面
				湿接缝（梁翼缘、板）	±20	
		高度	箱梁		0，-5	
			其他梁、板		±5	
			顶板、底板、腹板或梁肋厚		+5，0	
4	平整度（mm）				≤5	2m直尺：沿梁长方向每侧面每10m梁长测1处×2尺
5	横系梁及预埋件位置（mm）				≤5	尺量：每件测
6	横坡（%）				±0.15	水准仪：每梁测3个断面，板和梁段测2个断面

注：项次3箱梁宽度括号中的数字适用于节段拼装梁段的预制；项次3对应干接缝的其他梁、板宽度括号中的数字适用于组合梁桥面板的预制。

表7.9.2-2 梁、板安装实测项目

项次	检查项目		性能指标	检查方法和频率
1	支承中心偏位（mm）	梁	≤5	尺量：每跨测6个支承处，不足6个时全测
		板	≤10	

表 7.9.2-2（续）

项次	检查项目		性能指标	检查方法和频率
2	梁（板）顶面高程（mm）		±10	水准仪：每跨测 5 处，跨中、桥墩（台）处应布置测点
3	相邻梁（板）顶面高差（mm）	$L \leq 40$	≤10	尺量：测每相邻梁、板高差最大处
		$L > 40$	≤15	

7.9.3 装配式梁、板预制安装外观质量应符合下列规定：
1 混凝土表面不应存在本指南附录 B 所列限制缺陷。
2 混凝土表面应无垃圾、杂物，临时预埋件已清理并修补完成。
3 梁段拼接胶结材料不得存在脱落和开裂。

7.10 就地浇筑梁、板、拱圈

7.10.1 就地浇筑梁、板、拱圈基本要求应符合下列规定：
1 模板支架的强度、刚度、稳定性及拱架制作应符合施工技术规范的规定。
2 模板支架正式使用前应对支架基础及支架进行预压，预压合格后方可使用；支架基础预压及支架预压时，应监测并计算沉降量、弹性变形量及非弹性变形量，并依据预压报告调整模板支架底模板高程。
3 预埋件的设置和固定应满足设计及施工技术规范的规定。
4 应按设计要求的施工顺序浇筑拱圈混凝土。
5 拱架的落架应按设计要求的卸架顺序进行。

7.10.2 就地浇筑梁、板、拱圈实测项目应符合表 7.10.2-1、表 7.10.2-2 的规定。

表 7.10.2-1 就地浇筑梁、板实测项目

项次	检查项目		性能指标	检查方法和频率
1Δ	混凝土强度（MPa）		在合格标准内	按本指南附录 D 检查
2	轴线偏位（mm）		≤10	全站仪：每跨测 5 处
3	梁、板顶面高程（mm）		±10	水准仪：每跨测 5 处，跨中、桥墩（台）处布置测点
4Δ	断面尺寸（mm）	高度	+5，-10	尺量：每跨测 3 个断面
		顶宽	±30	
		箱梁底宽	±20	
		顶板、底板、腹板或梁肋厚	+10，-10	
5	长度（mm）		+5，0	尺量：每梁侧顶面中线处
6	与相邻梁段间错台（mm）		≤5	尺量：测底面、侧面
7	横坡（%）		±0.15	水准仪：每跨测 3 处
8	平整度（mm）		≤8	2m 直尺：沿梁长方向每侧面每 10m 梁长测 1 处×2 尺

表 7.10.2-2 就地浇筑拱圈实测项目

项次	检查项目		性能指标	检查方法和频率
1△	混凝土强度（MPa）		在合格标准内	按本指南附录 D 检查
2	轴线偏位（mm）	板拱	≤10	全站仪：每肋、板拱测 5 处
		肋拱	≤5	
3△	内弧线偏离设计弧线（mm）	L≤30m	±20	水准仪：每肋、板测 L/4 跨、3L/4 跨、拱顶 3 处两侧
		L>30m	±L/1500，且不超过 ±40	
4△	断面尺寸（mm）	高度	±5	尺量：每肋、板测拱脚、L/4 跨、3L/4 跨、拱顶 5 个断面
		顶板、底板、腹板宽	±10，0	
		宽度 板拱	±20	
		肋拱	±10	

注：L 为跨径，计算性能指标时以 mm 计。

7.10.3 就地浇筑梁、板、拱圈外观质量应符合下列规定：
1 混凝土表面不应存在本指南附录 B 所列限制缺陷。
2 混凝土表面应无垃圾、杂物，临时预埋件已清理并修补完成。

7.11 组合结构桥梁

7.11.1 组合结构桥梁基本要求应符合下列规定：
1 预制桥面板用钢模板的强度、刚度、稳定性应符合施工技术规范的规定。
2 工地安装焊接应进行焊接工艺评定，评定结果应符合相关技术规范的规定，并制定实施性焊接施工工艺。
3 高强度螺栓连接摩擦面的抗滑移系数应对随梁发送的试板进行检验，检验结果应满足设计要求。安装时，摩擦面应干燥、整洁，间隙处理应符合相关技术规范的规定。

7.11.2 组合结构桥梁实测项目应符合表 7.11.2-1、表 7.11.2-2 的规定。

表 7.11.2-1 预制桥面板实测项目

项次	检查项目	性能指标	检查方法和频率
1△	混凝土强度（MPa）	在合格标准内	按本指南附录 D 检查
2	板厚（脱模后）（mm）	±3	尺量：每板测 1 个断面
3	长度（mm）	±3	
4	宽度（mm）	±3	
5	板面对角线相对高差（mm）	±5	2m 直尺：沿板长方向每侧面测 1 处 × 2 尺
6	板底平整度（钢模板）（mm）	±1	
7	外露钢筋的偏差（mm）	厚度方向 ±1.5	尺量：每板测 20%
8	预应力管道中心位置偏差（mm）	±2	尺量：测每个管道
9	预埋件位置（mm）	±5	尺量：每件测

表 7.11.2-2 组合梁安装实测项目

项次	检查项目		性能指标	检查方法和频率
1	轴线偏位（mm）	组合梁中心线	≤10	全站仪：每跨测 3 处
		两孔相邻横梁中心线相对偏差	≤5	尺量：测各相邻端横梁
2	梁底高程（mm）	墩台处梁底	±10	水准仪：每墩台测 3 处
		两孔相邻横梁相对高差	≤5	水准仪、尺量：测各相邻端横梁
3		线形高程	+10，-5	水准仪：测每跨梁中线
4	支座安装（mm）	支座纵、横线扭转	1	全站仪、尺量：测每个支座
		支座中心与主梁中心线偏位	2	
		支座顺桥向偏位	10	
		支座高程	±5	
		支座四角高差	2	
5	对接焊缝	外观质量	满足设计及规范相应焊缝要求	量规：检查全部，每条焊缝检查 3 处。超声波法：检查全部。射线法：按设计要求；设计未要求时按 10%，且不少于 3 处
		内部质量		
	高强度螺栓扭矩		±10%	测力扳手：检查 5%，且不少于 2 个
	栓接面抗滑移系数（喷砂）		出厂：≥0.55 安装：≥0.45	每 5 个梁段做一批（3 组）检查
	防腐涂层		满足设计及规范要求	

7.11.3 组合结构桥梁外观质量应符合下列规定：

1 混凝土表面不应存在本指南附录 B 所列限制缺陷。

2 混凝土表面应无垃圾、杂物，临时预埋件已清理并修补完成。

3 钢梁涂层流挂、皱皮、水温印的最大面积应不大于 900mm^2，在任何 1m^2 范围内不得多于 2 块。

4 不得出现起泡、裂纹、起皮、大熔滴、松散粒子、掉块、返锈及漏涂。

7.12 钢结构桥梁

7.12.1 钢结构桥梁基本要求应符合下列规定：

1 钢梁或梁段的杆件、零件、临时吊点的加工尺寸及组装精度应满足设计要求并符合有关技术规范的规定，分阶段检查验收合格后方可进行下一道工序。

2 钢梁或梁段制作前应进行焊接工艺评定，评定结果应符合相关技术规范的规定，并制定实施性焊接施工工艺。

3 同一部位的焊缝返修不得超过两次，返修后的焊缝应按原质量标准进行复验并达到合格标准。

4 钢梁梁段应进行预拼装及按设计要求的程序进行拼装，并按设计要求和技术规范的规定进行验收。

5 钢梁或梁段及其零件的移动、存放、运输、吊装过程中不应出现不允许的变形、碰撞损伤和漆面损坏，不得使用变形零件。

6 高强度螺栓连接摩擦面的抗滑移系数应对随梁发送的试板进行检验，检验结果应满足设计要求。安装时，摩擦面应干燥、整洁，间隙处理应符合相关技术规范的规定。

7 排水设施、灯座、护栏、路缘石、栏杆预埋件和剪力键等均应按设计文件安装完成，无遗漏且位置准确。

7.12.2 钢结构桥梁实测项目应符合表 7.12.2-1～表 7.12.2-3 的规定。

表 7.12.2-1 钢梁制作实测项目

项次	检查项目		性能指标	检查方法和频率
1Δ	梁高（mm）	$H \leqslant 2m$	±2	钢尺：测两端腹板处
		$H > 2m$	±4	
2	跨度（mm）		±8	钢尺：测支承中心距离
3	全长（mm）		±15	钢尺：测中心线处
4Δ	腹板中心距（mm）		±3	钢尺：测两端腹板中心距
5	横断面对角线差（mm）		≤4	钢尺：测两端断面
6	旁弯（mm）		$3 + L/10000$	拉线用尺量：测中部、四分点 3 处跨中
7	拱度（mm）		+10，-5	拉线用尺量：测中部、四分点 3 处跨中
8	腹板平面度（mm）		$\leqslant H/350$，且≤8	平尺或塞尺：每腹板检查 3 处
9	扭曲		每米≤1，且每段≤10	尺量：置于平台，四角中有三角接触平台，用尺量另一角与平台间隙
10	对接错边（mm）		≤2	钢尺：测各对接断面
11	焊缝尺寸（mm）			量规：检查全部，每条焊缝检查 3 处
12Δ	焊缝探伤		满足设计要求	超声法：检查全部 射线法：按设计要求，设计未要求时按 10% 抽查，且不少于 3 条
13Δ	高强螺栓扭矩（N·m）		±10%	扭矩扳手：检查 5%，且不少于 2 个

注：L 为跨径；H 为梁高，计算性能指标时以 mm 计。

表 7.12.2-2 钢梁安装实测项目

项次	检查项目		性能指标	检查方法和频率
1	轴线偏位（mm）	钢梁纵轴线	≤10	全站仪：每跨测 3 处
		两跨相邻端横梁中线相对偏差	≤5	尺量：测各相邻端横梁

表 7.12.2-2（续）

项次	检查项目		性能指标	检查方法和频率
2	高程（mm）	墩台处	±10	水准仪：每墩台测 3 处
		两跨相邻端横梁中线相对高差	≤5	水准仪、尺量：测各相邻端横梁
3	固定支座处支承中心偏位（mm）	简支梁	≤10	尺量：测每个固定支座
		连续梁	≤20	
4	焊缝尺寸（mm）		满足设计要求	量规：检查全部，每条焊缝检查 3 处
5Δ	焊缝探伤		—	超声法：检查全部 射线法：按设计要求，设计未要求时按 10% 抽查，且不少于 3 条
6Δ	高强螺栓扭矩（N·m）		±10%	扭矩扳手：检查 5%，且不少于 2 个

表 7.12.2-3 钢梁防腐实测项目

项次	检查项目	性能指标	检查方法和频率
1Δ	除锈等级	满足设计要求；设计未要求时，热喷锌或铝 Sa3.0，无机富锌底漆及其他 Sa2.5（St3）	样板对比：全部检查
2Δ	粗糙度 R_z（μm）	满足设计要求；设计未要求时，热喷锌或铝 60～100，无机富锌底漆 50～80，其他 30～75	按设计要求检查，设计未要求时用对比样块：全部检查
3	总干膜厚度（μm）	满足设计要求；设计未要求时，干膜厚度小于设计值的测点数量≤10%，任意测点的干膜后端≥设计值的 90%	按设计要求检查，设计未要求时用测厚仪检查：抽查 20% 且不少于 5 件，每 10m² 测 10 点，且不少于 10 点
4	附着力（MPa）	满足设计要求	按设计要求检查，设计未要求时用拉开法检查：抽查 5% 且不少于 5 件，每件测 1 处

7.12.3 钢结构桥梁外观质量应符合下列规定：

1 钢梁内外表面不得有凹陷、划痕、焊疤，边缘应无毛刺。

2 焊缝应无裂纹、焊瘤、气孔、夹渣、电弧擦伤、未焊透、未填满弧坑及设计不允许的外观缺陷，构件表面无焊渣和飞溅物。

3 终拧后高强螺栓丝扣外露应为 2～3 扣，不符合的不应超过 10%，设计另有规定的除外。

4 梁底与支座及支座与垫石间不得出现空隙。

5 钢梁应无异常变形，其线形无异常弯折。

6 钢梁防腐损伤应修复。

7.13 桥面及附属设施

7.13.1 混凝土桥面板桥面防水层应符合下列规定：

1 混凝土桥面板桥面防水层基本要求应符合下列规定。

1）防水层材料之间应具有相容性，并应有不低于桥面沥青混凝土铺装层使用年限的寿命，具有适应动荷载及混凝土桥面开裂时不损坏的性能。

2）混凝土与防水层的黏结面应坚实、平整、清洁、干燥，无垃圾、尘土、油污及浮浆，表面处理应满足设计要求。

3）桥面防水层应按设计及规范要求施工，施工环境条件应满足防水材料的要求。施工过程中，严禁踩踏未干的防水层。

4）防水层与泄水孔、护栏、路缘石等衔接处的构造应满足设计要求。

5）卷材、胎体长度及宽度方向的搭接宽度应满足设计要求及相关规范的规定，不得出现横向通缝。

2 混凝土桥面板桥面防水层实测项目应符合表7.13.1的规定。

表7.13.1 防水层实测项目

项次	检查项目		性能指标	检查方法和频率
1△	防水涂层	厚度（mm）	满足设计要求；设计未要求时平均厚度≥设计厚度，85%检查的厚度≥设计厚度，最小厚度≥80%设计厚度	测厚仪：每施工段测10处，每处测3点
		用量（kg/m）	满足设计要求	按施工段涂数面积计算
2△	防水层黏结强度（MPa）		符合合格标准	按本指南附录E检查
3	混凝土黏结面含水率（%）		满足设计要求	含水率测定仪：当施工段不大于1000m²时，每施工段测5处，每处测3次，取均值；每超过1000m²增加1处

注：剥离强度仅适用于卷材类或加胎体涂膜类防水层。

3 混凝土桥面板桥面防水层外观质量应符合下列规定。

1）涂层防水应无漏涂、气泡、脱皮、胎体外露。

2）卷材防水应无空鼓、翘边、褶皱。

3）防水层与泄水孔进水口、伸缩装置、护栏、路缘石衔接处应无渗漏。

7.13.2 混凝土桥面板桥面铺装应符合下列规定：

1 混凝土桥面板桥面铺装基本要求应符合下列规定。

1）水泥混凝土桥面铺筑后应按规范要求养护，应对干缩、温缩裂缝进行处理。

2）沥青混凝土路面应控制沥青混合料拌和的加热温度。拌和后的沥青混合料应均匀，无花白，无粗细料分离和结团成块现象，按规定要求控制碾压工艺，控制摊铺和碾压温度。

3）桥面泄水孔进水口附近的铺装应有利于桥面积水和渗入水的排除，泄水孔数量不得少于设计要求。

2 桥面铺装实测项目应符合表 7.13.2-1～表 7.13.2-3 的规定。

表 7.13.2-1 水泥混凝土桥面板桥面铺装实测项目

项次	检查项目		性能指标	检查方法和频率
1Δ	强度（MPa）		符合合格标准	按本指南附录 D 检查
2	厚度（mm）		+10，-5	水准仪：以同桥面板产生相同挠度变形的点位基准点，测量桥面铺装施工前后相对高差；长度不大于 100m 每车道测 3 处，每增加 100m 每车道增加 2 处
3	平整度	σ（mm）	≤2	平整度仪：全桥每车道连续检测，每 100m 计算 σ、IRI
		IRI（m/km）	≤3.3	
		最大间隙 h（mm）	≤5	3m 直尺：半幅车道板带每 200m 测 2 处×5 尺
4	横坡（%）		±0.25	水准仪：长度不大于 200m 时测 5 个断面，每增加 100m 增加 1 个断面
5	抗滑构造深度（mm）		0.5～0.9	铺砂法：长度不大于 200m 时测 5 处，每增加 100m 增加 1 处

注：1. σ 为平整度仪测定的标准差；IRI 为国际平整度指数；h 为 3m 直尺与面层的最大间隙。
2. 小桥可并入路面进行检测。

表 7.13.2-2 沥青混凝土桥面铺装实测项目

项次	检查项目		性能指标	检查方法和频率
1Δ	压实度		≥试验室标准密度的 96%，≥最大理论密度的 92%，≥试验段密度的 98%	按现行行业标准《公路沥青路面施工技术规范》（JTG F40）检查，长度不大于 200m 时测 5 点，每增加 100m 增加 2 点
2	厚度（mm）		+10，-5	水准仪：以同桥面板产生相同挠度变形的点为基准点，测量桥面铺装施工前后相对高差；长度不大于 100m 每车道测 3 处，每增加 100m 每车道增加 2 处
3	平整度	σ（mm）	≤2.5	平整度仪：全桥每车道连续检测，每 100m 计算 σ、IRI
		IRI（m/km）	≤4.2	
		最大间隙 h（mm）	≤5	3m 直尺：半幅车道板带每 200m 测 2 处×5 尺
4	渗水系数（mL/min）		满足设计要求；设计未要求时，SMA（沥青玛蹄脂）铺装≤80，其他≤100	渗水试验仪：长度不大于 200m 时测 5 处，每增加 100m 增加 1 处
5	横坡（%）		±0.5	水准仪：长度不大于 200m 时测 5 个断面，每增加 100m 增加 1 个断面

注：1. 压实度选用 1 个标准进行评定。
2. σ 为平整度仪测定标准差；IRI 为国际平整度指数；h 为 3m 直尺与面层的最大间隙。
3. 小桥可并入路面进行检测。
4. 当沥青混合料、施工工艺与路面相同时，压实度、渗水系数可并入路面进行检验，压实度可在路面上取芯。

表 7.13.2-3 复合桥面水泥混凝土铺装实测项目

项次	检查项目	性能指标	检查方法和频率
1△	强度（MPa）	符合合格标准	按本指南附录 D 检查
2	厚度（mm）	+10，-5	水准仪：以同桥面板产生相同挠度变形的点为基准点，测量桥面铺装施工前后相对高差；长度不大于 100m 每车道测 3 处，每增加 100m 每车道增加 2 处
3	平整度（mm）	≤5	3m 直尺：半幅车道板带每 200m 测 2 处×5 尺
4	横坡（%）	±0.15	水准仪：长度不大于 200m 时测 5 个断面，每增加 100m 增加 1 个断面

注：复合桥面的沥青混凝土面层按表 7.13.2-2 评定。

3 桥面铺装外观质量应符合下列规定。

1）与路缘石、护栏等结构构件衔接处，水泥混凝土铺装应无宽度超过 0.3mm 的裂缝，沥青混凝土铺装应无开裂、松散。

2）混凝土桥面铺装表面不应存在本指南附录 B 所列限制缺陷。

3）混凝土桥面铺装面板不应有坑穴、鼓包和掉角，接缝填注不得漏填、松脱，不应污染路面，路面应无积水。

4）沥青混凝土桥面铺装表面应无明显泛油、松散推挤、碾压轮迹、油丁、泛油、离析现象，搭接处烫缝应无枯焦，路面应无积水。

7.13.3 钢桥面板上沥青混凝土桥面铺装应符合下列规定：

1 钢桥面板上沥青混凝土桥面铺装基本要求应符合下列规定。

1）各种矿料和沥青用量，以及各种材料和沥青混合料的加热温度、碾压温度应满足设计要求，并符合施工技术规范的规定。

2）拌和后的沥青混合料应均匀一致，无花白、粗细料分离和结团成块现象。

3）桥面泄水孔进水口附近的铺装应有利于桥面积水和渗入水的排除，进水口数量不得少于设计要求。

4）应在黏结层洒布完成后设计要求的时间内完成沥青混凝土铺装，黏结层表面应干净、干燥。

2 钢桥面板上沥青混凝土桥面铺装实测项目应符合表 7.13.3 的规定。

表 7.13.3 钢桥面板上沥青混凝土桥面铺装实测项目

项次	检查项目	性能指标	检查方法和频率
1△	压实度	满足设计要求	按碾压吨位及遍数检查
2△	厚度（mm）	+5，-3	水准仪：以同桥面板产生相同挠度变形的点为基准点，测量桥面铺装施工前后相对高差。 工程雷达：长度 100m 以内每车道测 3 处，每增加 100m 增加 2 处

表 7.13.3（续）

项次	检查项目		性能指标	检查方法和频率
3	平整度	σ（mm）	≤2.5	平整度仪：全桥每车道连续检测，每100m计算σ、IRI
		IRI（m/km）	≤4.2	
		最大间隙 h（mm）	≤5	3m 直尺：每200m测2处×5尺
4	横坡（%）		±0.3	水准仪：长度不大于200m时测5个断面，每增加100m增加1个断面
5	渗水系数（mL/min）		≤80	渗水试验仪：长度不大于200m时测5处，每增加100m增加1处
6	摩擦因数		满足设计要求	摆式仪：每200m测5处，每增加100m增加1处

注：1. σ 为平整度仪测定标准差；IRI 为国际平整度指数；h 为3m直尺与面层的最大间隙；
　　2. 环氧沥青混凝土面层不检查项次5；
　　3. 当采用探地雷达检查时，应钻孔验证。

3 钢桥面板上沥青混凝土桥面铺装外观质量应符合下列规定。

1）符合本指南第7.13.2条第3款下第3项、第4项的规定。

2）铺装与路缘石、护栏等结构构件衔接处应无开裂、松散。

7.13.4 支座垫石和挡块应符合下列规定：

1 支座垫石和挡块基本要求应符合下列规定。

1）施工缝处理应符合施工技术规范的规定。

2）支座垫石和挡块与墩台帽、盖梁的连接处应清理干净，连接处混凝土应密实、无裂缝。

2 支座垫石和挡块实测项目应符合表7.13.4-1、表7.13.4-2的规定。

表 7.13.4-1 支座垫石实测项目

项次	检查项目		性能指标	检查方法和频率
1△	混凝土强度（MPa）		符合合格标准	按本指南附录D检查
2	轴线偏位（mm）		≤5	全站仪尺量：测支座垫石纵、横方向，抽查50%
3	断面尺寸（mm）		±5	尺量：测1个断面，抽查50%
4△	顶面高程（mm）		±2	水准仪：测中心及四角
	顶面高差（mm）	垫石边长≤500mm	≤1	
		其他	≤2	
5	预埋件位置（mm）		≤5	尺量：每件测

注：顶面高差允许偏差仅适用于直接安放支座的垫石。

表 7.13.4-2 挡块实测项目

项次	检查项目	性能指标	检查方法和频率
1Δ	混凝土强度（MPa）	符合合格标准	按本指南附录 D 检查
2	平面位置（mm）	≤5	全站仪：抽查 30%，测中心线 2 端
3	断面尺寸及高度（mm）	±10	尺量：抽查 30%，每块测 1 个断面尺寸，2 处高度
4	与梁体间隙（mm）	±5	尺量：抽查 30%，每块测两侧各 1 处

3 支座垫石和挡块外观质量应符合下列规定。

1）混凝土表面不应存在本指南附录 B 所列限制缺陷。

2）挡块应无大于 3mm 的连接错台。

7.13.5 支座安装应符合下列规定：

1 支座安装基本要求应符合下列规定。

1）支座的类型、规格和技术性能应满足设计要求和有关规范的规定，具有产品合格证，经验收合格后方可安装。

2）对先安装后灌浆的支座，灌浆材料性能应满足设计要求，灌注密实，不得出现空洞、缝隙。

3）支座上、下各部件纵横轴线应对正。当安装时温度与设计要求不同时，应通过计算设置支座顺桥向预偏量。

4）支座安装位置须正确，不得发生偏歪、不均匀受力和脱空现象。滑动面上的四氟滑板和不锈钢板不得有划痕、碰伤等，安装前应涂上硅脂油。

5）支座与桥梁上、下部的连接应满足设计要求并符合施工技术规范的规定。

6）支座钢构件及连接处表面应按设计要求进行防腐处理。

2 支座安装实测项目应符合表 7.13.5 的规定。

表 7.13.5 支座安装实测项目

项次	检查项目		性能指标	检查方法和频率
1Δ	支座中心横桥向偏位（mm）		≤2	尺量：测每支座
2	支座中心顺桥向偏位（mm）		≤5	尺量：测每支座
3Δ	支座高程（mm）		满足设计要求；设计未规定时 ±5	水准仪：测每支座中心线
4	支座四角高差（mm）	承压力 ≤5000kN	≤1	水准仪：测每支座
		承压力 >5000kN	≤2	

3 支座安装外观质量应符合下列规定。

1）支座表面应无污损及灰尘，支座附近无建筑垃圾和其他杂物。

2）支座防护层应无划伤、剥落。

3）支座应配备防尘罩且无损坏。

7.13.6 伸缩装置安装应符合下列规定：

1 伸缩装置安装基本要求应符合下列规定。

1）伸缩装置种类、规格及技术性能应满足设计要求并符合有关技术规范的规定，具有产品合格证，并经验收合格后方可安装。

2）伸缩装置两侧混凝土强度应满足设计要求，预埋锚固钢筋定位准确、无缺失。

3）伸缩装置处不得积水。

2 伸缩装置安装实测项目应符合表7.13.6的规定。

表7.13.6 伸缩装置安装实测项目

项次	检查项目		性能指标	检查方法和频率
1	长度（mm）		满足设计要求	尺量：测每道
2△	缝宽（mm）		满足设计要求	尺量：每道每2m测1处
3	与桥面高差（mm）		≤2	尺量：伸缩装置两侧各测5处
4	纵坡（%）	一般	±0.5	水准仪：每道测5处
		大型	±0.2	
5	横向平整度（mm）		≤3	3m直尺：每道顺长度方向检查伸缩装置及锚固混凝土各2尺
6	焊缝尺寸（mm）		满足设计要求，设计未要求时，按焊缝质量二级设置	量规：检查全部，每条焊缝检查2处
7△	焊缝探伤			超声法：检查全部

注：项次2应按安装时气温折算；项次6、7应为工地焊缝。

3 伸缩装置安装外观质量应符合下列规定。

1）伸缩装置无渗漏、变形、开裂。

2）伸缩缝及伸缩装置中无阻碍活动的杂物。

3）焊缝无裂纹、焊瘤、夹渣、未焊透、电弧擦伤。

4）锚固混凝土表面不应存在本指南附录B所列限制缺陷。

7.13.7 人行道铺设应符合下列规定：

1 人行道铺设基本要求应符合下列规定。

1）人行道各构件应连接牢固。

2）人行道应在人行道梁锚固后方可铺设，并应坐浆密实。

3）地砖应粘贴牢固，无空鼓、裂缝。

2 人行道铺设实测项目应符合表7.13.7的规定。

表7.13.7 人行道铺设实测项目

项次	检查项目	性能指标	检查方法和频率
1	人行道边缘平面偏位（mm）	≤5	全站仪、钢尺：每200m测5处
2	纵向高程（mm）	+10，0	水准仪：每200m测5处
3	接缝两侧高差（mm）	≤2	尺量：抽查10%接缝，测接缝高差最大处

表 7.13.7（续）

项次	检查项目	性能指标	检查方法和频率
4	横坡（%）	±0.3	水准仪：每200m测5处
5	平整度（mm）	≤5	3m直尺：每200m测5处

注：桥长不满200m，按200m处理。

3 人行道铺设外观质量应符合下列规定。
1）不得出现断裂构件。
2）应无长度超过20mm或深度超过10mm的缺棱掉角。
3）地砖应无开裂，嵌缝无空洞、间断。

7.13.8 路缘石铺设应符合下列规定：
1 路缘石铺设基本要求应符合下列规定。
1）石材的类别、强度及规格应满足设计要求。
2）安装应砌筑稳固，顶面平整，缝宽均匀，勾缝密实，线条直顺。
3）槽底基础和后备填料应夯打密实。
2 路缘石铺设实测项目应符合表7.13.8的规定。

表 7.13.8 路缘石铺设实测项目

项次	检查项目	性能指标	检查方法和频率
1	顺直度（mm）	15	20m拉线尺量：每200m测4处
2	相邻两块高差（mm）	3	水平尺：每200m测4点
3	相邻两块缝宽（mm）	±3	尺量：每200m测4点
4	顶面高程（mm）	±10	水准仪：每200m测4点

3 路缘石铺设外观质量应符合下列规定。
1）路缘石不应破损。
2）路缘石铺设不应出现阻水现象。

7.13.9 钢结构及拼装式混凝土护栏应符合下列规定：
1 钢结构及拼装式混凝土护栏基本要求应符合下列规定。
1）构成护栏各构配件的规格及技术性能应满足设计要求并符合有关技术规范的规定，具有产品合格证，并经验收合格且在人行道板铺完后方可安装。
2）护栏安装应线形流畅、平顺，伸缩缝处应贯通，并与主梁伸缩缝相对应。
3）拼装式混凝土护栏安装应牢固，其杆件连接处的填缝料应饱满平整，强度应满足设计要求。
4）钢结构护栏应焊接牢固，毛刺打磨平整并及时除锈防腐。
2 钢结构及拼装式混凝土护栏实测项目应符合表7.13.9的规定。

表 7.13.9 钢结构及拼装式混凝土护栏安装实测项目

项次	检查项目	性能指标	检查方法和频率
1	栏杆平面偏位（mm）	≤4	全站仪、钢尺：每200m测5处
2	扶手高度（mm）	±10	水准仪、尺量：抽查20%
	柱顶高差（mm）	≤4	
3	接缝两侧扶手高差（mm）	≤3	尺量：抽查20%
4	竖杆或柱纵、横向竖直度（mm）	≤4	铅锤法：抽查20%，每处纵横向各测1处

3 钢结构及拼装式混凝土护栏外观质量应符合下列规定。
1）杆件接缝处应无开裂。
2）护栏线形应无异常突变。
3）焊缝表面不得有裂纹、焊瘤、夹渣。

7.13.10 混凝土护栏应符合下列规定：
1 混凝土护栏基本要求应符合下列规定。
1）护栏上的钢构件应焊接牢固，并按设计要求进行防腐处理。
2）护栏的断缝、假缝的设置应满足设计要求。
3）应按设计要求的施工阶段施工护栏。
2 混凝土护栏实测项目应符合表7.13.10的规定。

表 7.13.10 混凝土护栏实测项目

项次	检查项目	性能指标	检查方法和频率
1△	混凝土强度（MPa）	符合合格标准	按本指南附录D检查
2	平面偏位（mm）	≤4	全站仪、钢尺：每道护栏每200m测5处
3△	断面尺寸（mm）	±5	尺量：每道护栏每200m测5处
4	竖直度（mm）	≤4	铅锤法：每道护栏每200m测5处
5	预埋件位置（mm）	≤5	尺量：每件测

注：护栏长度不满200m，按200m处理。

3 混凝土护栏外观质量应符合下列规定。
1）护栏线形应无异常弯折、突变。
2）混凝土表面不应存在本指南附录B所列限制缺陷。

7.13.11 桥头搭板应符合下列规定：
1 桥头搭板基本要求应符合下列规定。
1）桥头搭板下的地基及垫层或路面基层强度和压实度应满足设计要求。
2）桥头搭板与桥台的连接应满足设计要求。
2 桥头搭板实测项目应符合表7.13.11的规定。

表 7.13.11 桥头搭板实测项目

项次	检查项目		性能指标	检查方法和频率
1△	混凝土强度（MPa）		在合格标准内	按本指南附录 D 检查
2	枕梁尺寸（mm）	宽、高	±20	尺量：每梁测 2 个断面
		长	±30	尺量：测每梁中心线处
3	板尺寸（mm）	长、宽	±30	尺量：各测 2 处
		厚	±10	尺量：测 4 处
4	顶面高程（mm）		±5	水准仪：测四角及中心线附近 5 处

3 桥头搭板外观质量应符合下列规定。

1）混凝土表面不应存在本指南附录 B 所列限制缺陷。

2）搭板接缝填充应无空洞、虚填。

7.13.12 护坡（锥坡）和踏步应符合下列规定：

1 护坡（锥坡）和踏步基本要求应符合下列规定。

1）勾缝砂浆强度不得小于砌筑砂浆强度。

2）护坡下端基础埋置深度及地基承载力应满足设计要求。

3）护面下填土密实度应满足设计要求，坡面刷坡整平后方可铺砌。

4）砌块应相互错缝、咬扣紧密，嵌缝饱满密实。

5）应按设计要求设置沉降缝、伸缩缝、泄水孔、坡面防排水设施。

2 护坡（锥坡）和踏步实测项目应符合表 7.13.12 的规定。

表 7.13.12 护坡（锥坡）和踏步实测项目

项次	检查项目	性能指标	检查方法和频率
1△	砂浆强度（MPa）	符合合格标准	按本指南附录 C 检查
2	平面尺寸（mm）	±50	尺量：长、宽各检查 2 处
	顶面高程（mm）	±50	水准仪：测量 3~5 点
3	表面平整度（mm）	≤35	2m 直尺：除堆坡外每 50m 测 3 处，每处纵、横向各 1 尺；堆坡处顺坡测 3 尺
4	坡度（%）	≤设计值	坡度尺：长度不大于 30m 时测 5 处，每增加 10m 增加 1 处
5△	厚度或断面尺寸（mm）	≥设计值	尺量：长度不大于 50m 时测 10 个断面，每增加 10m 增加 1 个断面

3 护坡（锥坡）和踏步外观质量应符合下列规定。

1）浆砌缝开裂、勾缝不密实和脱落的累计换算面积不得超过该面面积的 1.5%，且最大单个换算面积不应大于 0.08m²。换算面积按缺陷缝长度乘以 0.1m 计算。

2）坡面不得出现坍塌、外鼓变形。

7.13.13 台背填土应符合下列规定：

1 台背回填基本要求应符合下列规定。

1）台背填土应采用透水性材料或设计要求的填料，严禁采用腐殖土、盐渍土、淤泥、白垩土、硅藻土和冻土块。填料中不应含有机物、冰块、草皮、树根等杂物及生活垃圾。

2）应分层填筑压实，每层表面平整，顶层路拱合适。

3）台身强度达到设计强度的85%以上时方可进行填土。

4）拱桥台背填土应在承受拱圈水平推力以前完成。

5）台背填土应按设计要求的方式与路基搭接。

6）台背填土的防、排水应满足设计要求。

2 台背填土实测项目应符合表7.13.13的规定，且应按路基要求检验其他项目。

表7.13.13 台背回填实测项目

项次	检查项目	性能指标	检查方法和频率
1Δ	压实度（100%）	≥94	按本指南附录F的方法检查，每桥台每压实层测2处
2●	填土长度（mm）	≥设计值	尺量：每桥台测顶、底面两侧

3 台背填土外观质量应符合下列规定。

1）填土表面不平整、边线弯折的累计长度不得超过总长度的10%。

2）不得出现亏坡。

7.13.14 混凝土小型构件预制应符合下列规定：

1 混凝土小型构件预制基本要求符合下列规定。

1）连接粗糙面的质量和键槽的数量、质量应满足设计要求。

2）构件上的预埋件、预留孔洞规格、位置数量应满足设计要求。

2 混凝土小型构件预制实测项目应符合表7.13.14的规定。

表7.13.14 混凝土小型构件预制实测项目

项次	检查项目	性能指标	检查方法和频率	
1Δ	混凝土强度（MPa）	符合合格标准	按本指南附录D检查	
2	断面尺寸（mm）	±5	尺量：测2个断面	抽查构件总数的30%
3	长度（mm）	+5，-10	尺量：测中线处	

3 混凝土小型构件预制应符合下列规定。

1）混凝土表面不应存在本指南附录B所列限制缺陷。

2）混凝土表面应无建筑垃圾、杂物和预埋件。

3）梁段接缝胶结材料不得存在脱落和开裂。

7.13.15 混凝土构件表面防护应符合下列规定：

1 混凝土构件表面防护基本要求应符合下列规定。

1）防护涂层应与浇筑混凝土时所用的脱模剂相容，表面防护施工应在构件验收合格、龄期 28d 和设计要求的龄期进行。

2）混凝土构件表层应坚固、清洁，无灰尘、油迹、霉点、盐类析出物等污物和松散附着物，含水率应满足涂层材料的要求。

3）施工环境条件应满足涂层材料的要求，按设计要求的涂装道数和涂膜厚度进行施工，上道涂层检查合格后方可进行下道涂层施工。

2 混凝土构件表面防护实测项目应符合表 7.13.15 的规定。

表 7.13.15 混凝土构件表面防护实测项目

项次	检查项目	性能指标	检查方法和频率
1	涂层干膜厚度（μm）	平均厚度≥设计厚度，80%点的厚度≥设计厚度，最小厚度≥80%设计厚度	测厚仪：每 50m² 测 1 点，且不少于 30 点，7d 后检查
2△	涂层附着力（MPa）	满足设计要求，设计未要求时≥1.5	附着力测试仪：每 1000m² 检查 3 处，每处测 3 点取平均值

3 混凝土构件表面防护应符合下列规定。

1）构件表面应无漏涂、剥落、起泡和裂纹。

2）针孔、流挂、橘皮、起皱的最大面积不应大于 2500mm²，在任何 1m² 范围内不得多于 2 块。

8 养护与管理

8.1 一般规定

8.1.1 农村公路桥梁养护按作业性质可分为日常养护和养护工程。

条文说明

农村公路桥梁日常养护包括日常巡查、日常保养和小修；养护工程包括预防养护工程、修复养护工程和应急养护工程。

日常养护是对农村公路桥梁及其所属设施进行的维修保养和修补轻微缺损的工作。

日常巡查是为及时发现农村公路桥梁及其所属设施损坏、污染及其他影响正常通行的情况，开展的日常检查、查看工作。包括对农村公路桥梁及附属设施等进行日常性外观观察、检查与使用状况判别；巡路记录，记录桥梁各结构部位使用状况、病害发展情况及存在的安全隐患等并及时上报。

日常保养是对农村公路桥梁及其所属设施经常进行清洁、整理等维护保养的作业。包括对农村公路桥梁及其所属设施进行清洁、整理等维护保养。日常保养应与日常巡查同时进行，并及时处理发现的问题。

小修是对农村公路桥梁及其所属设施的轻微损坏进行的修补。包括对其经常进行维修保养和修补其轻微损坏部分的作业。小修主要内容包括：修补桥面裂缝、坑槽、排水等病害，修理伸缩缝、泄水孔，修补护墙、栏杆、标志、标线等设施，修复墩台基础、锥坡、翼墙等砌石圬工松动和破损等。小修要求对轻微损坏部分的病害及时处治，做到补早、补小、补好。小修宜以专业化养护为主，不具备条件的，可采用群众性养护，对于小修采用群众性养护的，应对相关人员进行岗前技术培训和安全作业交底，符合现行行业标准《公路养护安全作业规程》（JTG H30）的有关规定。

养护工程是对影响农村公路桥梁及其所属设施正常使用的功能性和结构性病害进行的修复。

预防养护工程是农村公路桥梁整体性能良好但有轻微病害，为延缓性能过快衰减而采取的主动防护工程，包括维护伸缩装置、维修更换支座、保养交通安全设施等内容。

修复养护工程是农村公路桥梁出现病害或部分丧失使用功能，为修复病害或恢复使用功能而进行的功能性、结构性修复或定期更换工程，包括修复桥面铺装、桥头搭板、加固桥体和墩台基础、更换交通标志、维修护栏、补划标线、维修更换限高和限宽设施等内容。

应急养护工程是在突发情况下造成农村公路桥梁损毁、中断、产生重大安全隐患等情况时，为较快恢复农村公路桥梁安全通行能力而实施的应急性抢通、保通工程，应包括对自然灾害或其他突发事件造成的障碍物的清理；公路突发损毁的抢通、保通、抢修、公路应急保障工程；突发的经判定可能危及公路通行安全的重大安全风险的处置。

8.1.2 农村公路桥梁日常巡查及日常保养工作宜以群众性养护为主，具备条件的可采用专业化养护；小修宜以专业化养护为主，不具备条件的可采用群众性养护。养护工程应实行专业化养护。

8.1.3 农村公路桥梁养护应建立安全生产管理制度，遵循"安全第一、预防为主"的方针。

8.1.4 农村公路桥梁养护应达到桥面整洁、结构安全、排水畅通、设施完好等要求。

8.1.5 农村公路桥梁养护应公开养护桥梁名称、里程、养护单位、养护责任人及联系方式、监督管理单位及联系方式等信息。

8.1.6 农村公路桥梁养护维修作业控制区和相关警示标志布置应符合现行行业标准《公路养护安全作业规程》（JTG H30）的有关规定，并指派专人负责维持交通。

条文说明

养护作业人员上岗前，应进行制度、纪律及安全生产的培训，增强施工人员的安全意识，培训合格后方可上岗。养护作业人员和管理人员应穿着安全标志服后方可进入养护作业区。养护施工中如遇雷雨、大雾等不良天气，不得施工。

8.1.7 自然灾害或突发事件发生后，应急养护应按照应急预案和管理规定采取处置措施，群众性养护人员参与农村公路桥梁防灾和突发事件处置及应急养护时，应执行安全生产法规和制度，并做好个人防护。

8.1.8 农村公路桥梁养护应建立工程养护档案管理制度，应按档案管理法规和公路养护台账规定开展养护档案收集、整理、归档等工作，包括养护计划、养护工程项目库、信息报送等。

8.1.9 农村公路桥梁养护应符合现行行业标准《公路桥涵养护规范》（JTG 5120）、《农村公路养护技术规范》（JTG/T 5190）、《公路养护工程质量检验评定标准 第一册 土建工程》（JTG 5220）、《公路交通标志和标线设置规范》（JTG D82）的有关规定。

8.2 养护内容

8.2.1 农村公路桥梁养护总体要求应符合下列规定：
1 桥梁应外观整洁。
2 桥面铺装应坚实平整、横坡适度。
3 桥头应顺适。
4 排水、伸缩缝、支座、护墙、栏杆、标志、标线等设施应齐全良好。
5 结构应无损坏。
6 基础应无冲刷、掏空。
7 与路基宽度不同的小桥，应逐步改建成与路基同宽。

8.2.2 农村公路桥梁的日常巡查内容应包括桥面是否整洁或破损，护墙、栏杆、标志、标线、泄水孔、伸缩缝等设施是否完好，排水及桥下过水是否通畅。

8.2.3 农村公路桥梁日常保养应包括清理桥面污染物，泄水孔、伸缩缝杂物，桥下垃圾等；清洁护墙、栏杆、标志、标线等设施。

8.2.4 超高性能混凝土（UHPC）桥梁养护应符合现行团体标准《超高性能混凝土（UHPC）技术要求》（T/CECS 10107）、《超高性能混凝土梁式桥技术规程》（T/CCES 27）、《公路超高性能混凝土（UHPC）桥梁技术规程》（T/CECS G：D60-02）的有关规定。

8.2.5 钢筋混凝土及预应力混凝土桥养护应符合下列规定：
1 应及时清除表面污垢，混凝土孔洞、破损、剥落、表面风化及裂缝应及时修补，并防止钢筋因混凝土碳化引起锈蚀。构件缺损严重时，应及时进行修复和加固。
2 梁（板）端头、梁体底面、隔板表面应适时清扫，保持清洁，排除积土。
3 箱形截面结构梁体应保持箱内通风良好。
4 构件裂缝宽度小于限值时应进行封闭处理，大于限值时应采用压力灌浆法灌注环氧树脂胶等进行处理，裂缝发展严重时应查明原因并采取加固措施。裂缝宽度限值应符合表 8.2.5-1 的规定。

表 8.2.5-1 裂缝宽度限值

结构类型	裂缝种类	允许最大缝宽（mm）	其他要求
钢筋混凝土梁	主筋附近竖向裂缝	0.25	—
	腹板斜向裂缝	0.30	—
	组合梁结合面	0.50	不允许贯通结合面

表 8.2.5-1（续）

结构类型	裂缝种类			允许最大缝宽（mm）	其他要求
钢筋混凝土梁	横隔板与梁体端部			0.30	—
	支座垫石			0.50	—
预应力混凝土梁	梁体竖向裂缝			不允许	—
	梁体纵向裂缝			0.20	—
砖、石、混凝土拱	拱圈横向			0.30	裂缝高度小于截面高度的一半
	拱圈纵向			0.50	裂缝长度小于跨径的1/8
	拱波与拱肋结合处			0.20	—
墩台	墩台帽			0.30	不允许贯通墩身截面的一半
	墩台身	经常受侵蚀性水影响	有筋	0.20	
			无筋	0.30	
		常年有水，但无侵蚀性水硬性	有筋	0.25	
			无筋	0.35	
		干沟或季节性有水河流		0.40	
		有冻结作用部分		0.20	

注：1. 表中所列除特指外适用于常规条件。对于潮湿环境和空气中含有较强腐蚀性气体条件下的缝宽限制，应比表列限值更苛刻。
2. 预应力混凝土梁指全预应力或部分预应力A类构件。

5 当主梁或拱圈挠度超过允许值并有严重发展趋势时，应查明原因，经设计计算进行加固或更换构件，桥梁挠度允许值应符合表8.2.5-2的规定。

表 8.2.5-2 桥梁挠度允许值

桥梁结构类型		最大挠度允许值（mm）
钢筋混凝土桥及预应力混凝土桥	梁桥，梁跨中	$L/600$
	梁桥，梁悬臂端	$L_1/300$
	拱、桁架桥	$L/800$
混凝土、砖、石拱桥和双曲拱桥		$L/1000$

注：L 为桥梁的计算跨径；L_1 为梁桥悬臂端长度。

8.2.6 圬工拱桥养护应符合下列规定：

1 应及时清除表面污垢及圬工砌体因渗水而在表面附着的游离物。

2 应及时疏通泄水孔，保持桥面及实腹拱拱腔排水畅通。拱桥桥面漏水、主拱圈（肋）渗水应修补防水层，堵塞渗水裂缝。

3 主拱、拱式腹拱的拱铰及变形缝应保持正常工作状态，若有损坏应及时修复。

4 当拱肋或桁架拱、刚架拱、双曲拱构件开裂、劈裂、压碎、变形甚至失效时，应针对实际情况采取加大截面、粘贴钢板或复合纤维板、变更拱上建筑、更换填料等措施进行加固修复。

8.2.7 钢桥养护应符合下列规定：
1 应及时清除钢结构表面污垢，保持杆件清洁。
2 应更换松动和损坏的铆钉或销子、螺栓及破损桥面板。
3 发现连接螺栓松动应及时拧紧，对于高强度螺栓应施加设计的预拉应力。
4 发现焊接连接构件焊缝处出现裂纹、未熔合、夹渣、未填满、弧坑等缺陷时，应进行返修焊，焊后的焊缝应铲磨匀顺。
5 钢桥杆件受到冲击造成局部弯曲时，应及时矫正。
6 应根据桥址所在环境，定期对钢桥表面进行防腐涂装，宜1~2年进行一次。
7 钢桥杆件如有损坏应及时进行加固或更换。
8 钢-混凝土组合梁桥应防止钢材与混凝土间的联结因开裂或钢材锈蚀而失效。

8.2.8 桥面铺装养护应符合下列规定：
1 桥面应及时清扫，排除积水，清除泥土、杂物、冰凌或积雪。
2 应及时处治桥面病害。当损坏面积较小时，可局部修补；当损坏面积较大时，有条件的可将整跨铺装层凿除后重铺铺装。不宜在原桥面上直接加铺，以免增加桥梁恒载。
3 应及时修复已损坏的桥面防水层。
4 排水管、泄水管、排水槽等桥梁敞开式或封闭排水设施应及时疏通，损坏时应及时更换，缺少时应补充。

8.2.9 人行道、栏杆、防撞墙等养护应符合下列规定：
1 人行道块件应牢固、完整，桥面路缘石应保持状态良好，出现松动、缺损时应及时进行修整或更换。
2 桥梁栏杆应完整且技术状况良好。出现缺损应及时修复。因栏杆损坏而采取临时防护措施时，使用时间不得超过3个月。钢质栏杆应根据环境情况定期进行防腐涂装。
3 桥梁两端的栏杆立柱或防撞墙端面，涂有立面标记或示警标志的，应定期涂刷，宜1年一次，使油漆颜色保持鲜明。
4 桥上灯柱应保持良好状态，如有缺损和歪斜，应及时修理、扶正。灯具损坏应及时更换。
5 应及时清除伸缩装置缝内沉积物，拧紧螺栓等。伸缩缝发生松动、翘裂、破损、老化或功能失效时，应及时修理或更换。
6 桥头搭板脱空、断裂或枕梁下沉引起桥路连接不顺畅导致桥头跳车时，应进行维修处置，并检查桥台稳定等安全因素。
7 桥上交通标志和标线、防眩板、防护隔离设施、供电线路、通信线路、避雷设施等应齐全、醒目、牢固，标志板应保持整洁、无裂纹或残缺。若有损坏应及时整改或更换。

8.2.10 桥梁支座养护应符合下列规定：

1 支座各部位应保持完整、清洁。
2 滑动支座的滑动面应定期涂润滑油。
3 钢支座应定期进行除锈防腐，除铰轴和滚动面外，其余部分均应涂刷防锈油漆。
4 应及时拧紧钢支座各部位结合螺栓，使支承垫板平整、牢固。
5 应防止橡胶支座接触油污引起老化、变质。
6 应及时维护滑板支座、盆式橡胶支座的防尘罩，防止尘埃落入或雨、雪渗入支座内。
7 支座如有缺陷或产生故障不能正常工作时，应及时修整或更换。
8 应防止支座脱空。

8.2.11 桥梁基础养护应符合下列规定：

1 应采取措施保持桥梁墩台基础附近即桥梁上下游各200m范围内河床的稳定；当桥长的1.5倍超过200m时，范围还应扩大。
2 若基础冲刷过深或基底局部掏空，应及时抛填块石、片石或铅丝石笼等进行维护。
3 桥下河床铺砌出现局部损坏时应及时维修。
4 对设置的防撞、导航、警示标志等附属设施应加强检查、维护，保持良好的技术状况。
5 当重力式基础或桩基础的承载能力不足，出现超过允许值的沉降，以及基础局部被掏空、墩台周围河床被严重冲刷或因基础病害致使墩台滑移、倾斜时，应对基础进行加固。
6 简支结构桥梁墩台基础容许沉降值应符合表8.2.11的规定。

表8.2.11 简支结构桥梁墩台基础容许沉降值

桥梁结构类型	总沉降值、总沉降差或水平位移值（mm）
墩台基础均匀总沉降	$20\sqrt{L}$
相邻墩台基础总沉降差	$10\sqrt{L}$
墩台基础顶面水平位移	$5\sqrt{L}$

注：L为相邻墩台间最小跨径，以m计。跨径小于25m时，仍以25m计。

8.2.12 桥梁墩台养护应符合下列规定：

1 应保持墩台表面整洁，及时清除墩台表面杂物。
2 当圬工砌体发生灰缝脱落，砌体表面风化剥落或损坏，砌体镶面部分严重风化或损坏，砌块出现裂缝或墩台混凝土裂缝宽度超过限值，墩台表面发生侵蚀剥落、蜂窝麻面、裂缝、露筋等病害时，应根据损坏类型及程度，采取相应的技术措施进行维修处治。

8.2.13 锥坡、翼墙、耳墙养护应符合下列规定：
1 锥坡应保持良好技术状况，锥坡开裂、沉陷、冲空时，应及时维修加固。
2 翼墙、耳墙出现下沉、断裂或其他损坏时，应及时维修加固。

8.2.14 漫水桥养护应符合下列规定：
1 应加强汛期前的预防性养护，保持导流构造物良好、功能正常、桥孔无淤塞，保持基础的抗冲刷能力。
2 洪水、流冰来前，养护作业人员应与气象部门、河道管理部门或上游水库管理部门保持联系，了解水文信息，并做出相应安排。
3 洪水、流冰期间，应加强观察和养护，在保证养护作业人员人身安全的前提下，应及时清除堵塞桥孔的漂流物。
4 洪水、流冰过后，应及时进行检查，记录漫水桥损毁情况并及时修复，在确认行车具有安全保障后方可开放交通。

8.3 养护作业安全

8.3.1 农村公路桥梁养护作业安全应符合下列规定：
1 在桥梁栏杆处进行养护作业应设置悬挂式吊篮等防护设施，作业人员应系安全带。
2 桥梁墩台维修时，应在跨路前后方或跨河的上下游设置安全设施，夜间应设置警示信号，高处作业宜采用登高车，桥下梁底、墩顶作业宜采用专用桥梁检查车。
3 桥梁养护维修作业时，应先了解架设在桥面上下的各种管线设施，并注意保护天然气管、水管、电缆线、通信线等公用设施，必要时与设施产权单位联系。
4 视距条件较差或坡度较大的路段进行养护维修作业时，作业控制区的施工标志应与急弯路标志、反向弯路标志或连续弯路标志等并列设置。在同一弯道不得同时设置两个或两个以上的养护维修作业控制区。

8.3.2 交通安全及沿线设施养护作业安全应符合下列规定：
1 桥梁护栏、防眩板、视线诱导标及交通标志养护作业区可按封闭部分车道或应急车道的临时养护作业控制区设置，交通锥宜布设在车道分隔标线内侧或采用移动式标志车。
2 桥面交通标线养护作业应考虑施划标线的位置，按移动养护作业控制区布置，可布设移动式标志车，划线车辆应配备闪光箭头；施划标线后，应沿标线摆放交通锥。

8.3.3 雨期养护作业应符合下列规定：

1 暴雨、台风前后，应检查施工脚手架、机电设备、临时线路等设施，发现倾斜、变形、下沉、漏电、漏雨等现象应及时修理加固。

2 作业现场应及时排除积水，人行道的上下坡应挖步梯或铺砂，脚手板、斜道板、跳板上应采取防滑措施。处于洪水可能淹没地带的机械设备、材料等应做好防范措施，施工人员应提前做好安全撤离的准备。

3 长时间在雨期作业的工程，应根据条件搭设防雨棚，遇有暴风雨应停止施工。

8.3.4 雾天养护作业安全应符合下列规定：

1 雾天不宜进行桥梁养护维修作业。

2 雾天需要进行抢修时，应上报当地政府，并会同公安、交警、河道、海事等部门，封闭交通、航道进行作业，所有安全设施上均应设置警示闪烁灯。

8.3.5 养护机具使用应符合下列规定：

1 养护机具应按其技术性能要求正确使用，不应使用缺少安全装置或安全装置已失效的养护机具，不应操作带故障的养护机具作业或超负荷运转养护机具。

2 操作养护机具应执行工作前的检查制度、工作中的观察制度和工作后的保养制度。

3 养护机具进入施工现场前，应查明行驶路线的通行净高、净宽，必要时还应验算桥梁的承载力，确保机具设备安全通行。

4 养护机械在靠近架空输电线路作业时，应采取安全保护措施，养护机具工作装置运动轨迹范围与架空导线的安全距离应符合现行行业标准《公路工程施工安全技术规范》(JTG F90)的有关规定。

8.3.6 养护作业用电应符合下列规定：

1 所有养护作业人员应遵守安全用电管理制度，禁止违规、冒险操作和使用电气设备。

2 养护作业人员用电过程应加强自我保护意识，遵守供电、用电操作规程，发现安全隐患应立即终止并及时整改。

3 露天使用用电设备应采取合适的防雨、防雪、防雾和防尘措施。

4 长期放置不用或新的用电设备应经过安全检查或试验后方可投入使用。

8.4 防灾与突发事件处理

8.4.1 洪水灾害事故处理应符合下列规定：

1 在雨期或汛期来临前，应清除桥面排水设施淤塞和杂物，保证排水设施完好，排水通畅。

2 对已产生冲刷、脱空等病害，未及时处理的路段应做好水流引导等措施，防止二次冲刷。

  3 对水淹中断交通的桥梁，应密切监控水位，洪水退后及时修复桥面，恢复通行。

  4 应及时记录、处理因水灾造成的桥梁破坏，对影响通行安全或丧失功能的桥梁，应立即上报有关部门，并设置清晰、醒目的警示标志。

  5 对汛期抗洪能力不足的桥梁，应派专人值守观察，设置警示牌、公告牌，发现险情应立即上报。

8.4.2 冰灾事故处理应符合下列规定：

  1 对于低温、雨雪、冰冻造成的桥梁中断，应在桥头设置警示牌、公告牌。

  2 桥面结冰、积雪宜采用机械设备进行除冰、除雪，并应撒布融雪剂。

8.4.3 突发事件处理流程应符合下列规定：

  1 农村公路桥梁发生地质灾害、气候灾害、交通事故等突发事件时应立即上报，在突发事件路段两端设置警示标志。

  2 农村公路桥梁阻断或存在通行安全风险时，应对过往车辆及行人进行劝阻，引导绕行。

8.4.4 应急养护应符合下列规定：

  1 应急养护应包括地质灾害、气候灾害、交通事故导致的桥梁损坏、危桥抢修等。

  2 应急养护作业人员参与农村公路桥梁应急养护时，应符合下列要求。

  1）发现对桥梁设施造成损坏、影响桥梁使用功能的各类情况或事故，应立即向上级主管部门报告。

  2）养护作业人员能立即处置的，应按照有关安全生产法规和制度，并做好个人防护，设置清晰、醒目的安全警示物后方可参与应急处置。

  3）应对进入应急养护路段的车辆和行人进行提示、警示或劝阻。

  4）应清除影响桥梁通行的障碍物。

  5）应配合交通引导。

  6）应急养护不能及时处理时，应摆放好安全警示标志，提示来往车辆及行人注意安全并及时上报上级主管部门进行专项方案设计后再实施。

  3 设置养护作业工作区应符合现行行业标准《公路养护安全作业规程》（JTG H30）的有关规定。

  4 防灾与突发事件应急养护应符合现行行业标准《农村公路养护技术规范》（JTG/T 5190）、《公路养护安全作业规程》（JTG H30）的有关规定。

  5 应急养护可根据应急处理工作需要，直接委托具备相应能力的专业队伍实施。应急养护可先行按照技术方案组织实施。

8.5 养护作业管理

8.5.1 应根据农村公路桥梁的技术状况评定结果，科学制定养护对策和养护计划。

条文说明

养护计划包括日常养护计划、预防养护计划和修复养护计划，其中，预防养护计划和修复养护计划按养护工程计划管理。

8.5.2 农村公路桥梁养护作业应建立安全生产制度，健全养护工作安全生产组织结构，明确人员责任，规范养护作业人员安全生产作业行为和培训教育，制定养护机械安全使用指导及突发事件应急预案。

8.5.3 农村公路桥梁的技术状况评定应符合现行行业标准《公路桥梁技术状况评定标准》（JTG/T H21）的有关规定，根据评定结果安排预防养护、修复养护等养护工程。

8.6 技术管理

8.6.1 农村公路桥梁档案资料管理应符合下列规定：
1 技术档案应齐全。
2 技术档案资料应以文字、图片、图纸、音频或视频等形式进行存储和管理。
3 技术档案的管理和归档应以单个桥梁为单位，建立"一桥一档"的档案管理模式。
4 宜积极稳妥地采用先进的技术手段，逐步实现技术档案电子化管理。
5 接养单位应参与新建桥梁的交（竣）工验收工作，桥梁建设单位应向接养单位移交桥梁基础资料，并协同做好接养工作。
6 基本资料缺失的桥梁，应根据历年检查、养护资料，逐步建立和完善其技术档案；必要时，可专门安排有针对性的检查、试验或特殊检查，补充、完善桥梁技术资料。
7 电子存档应进行分类后统一存储在电脑内，各年资料分年建档，并按年度及时刻录光盘，电脑里宜存储上一年度及本年度档案资料备查。

条文说明

农村公路桥梁技术档案包括桥梁基础资料、管理资料、检查资料、养护维修资料、特殊情况资料等。

8.6.2 农村公路桥梁档案数据库管理应符合下列规定：

1 数据库内容应包含桥梁静态数据和动态数据。桥梁静态数据包括桥梁基本信息、空间信息、技术指标、结构信息及档案信息等，桥梁动态数据包括桥梁技术状况和养护病害信息、检查及维修信息等。

2 数据库的信息应准确反映桥梁的实际状况，应根据检查、预防养护、修复养护、加固改造或重建等情况及时更新。

3 应建立完善的数据采集和管理制度，保证数据库中数据的及时性和有效性。

4 数据库应采用电子化存储与管理。

8.6.3 农村公路桥梁信息化管理应符合下列规定：

1 应以桥梁数据库为基础，构建桥梁养护信息化平台，建立动态的评价和预警体系。

2 养护信息化管理应包括危桥安全防护项目库、养护工程项目库、养护信用评价系统、灾害信息报送系统等内容。

3 应设立专人负责养护信息化管理平台的建设、运行与维护等管理工作。

4 应利用信息技术和科技手段，建立桥梁养护决策分析系统。

5 应建立健全桥梁建设、管理、养护全生命周期的数据集成和信息共享，提高信息的利用率。

6 信息化管理系统应与其他平台实现端口对接，形成联动、共享。

7 养护信息报送应确保信息的准确性和及时性。

附录 A 单位及分项工程划分

A.0.1 单位及分项工程划分按表 A.0.1 的规定确定。

表 A.0.1 单位及分项工程划分

单位工程	分项工程
桥梁工程（每座桥）	桥梁总体
	钢筋加工及安装（每构件/全桥）
	基础及下部结构（每桩、台、柱、盖梁、系梁等）
	梁、板等上部结构（每梁、板）
	桥面铺装（全桥）
	垫石（全桥）
	支座（全桥）
	伸缩缝（全桥）
	人行道（全桥）
	栏杆（全桥）
	防撞护栏（全桥）
	桥头搭板（全桥）
	锥坡、踏步（全桥）

注：1. "每构件"指每桩、台、柱、盖梁、系梁、梁、板等。
　　2. "全桥"指全桥该部位统一划分为一个分项工程。
　　3. 钢筋加工及安装分项工程括号中的"每构件/全桥"分别对应以每构件和全桥为分项工程的钢筋加工及安装。

附录 B 结构混凝土外观质量限制缺陷

B.0.1 结构混凝土外观质量应进行全面检查。

B.0.2 外观质量检查前，结构混凝土的表面不得进行涂饰。

B.0.3 结构混凝土外观质量的限制缺陷应按表 B.0.3 的规定确定。

表 B.0.3 结构混凝土外观质量的限制缺陷

名称	现象	限制缺陷		
		支座垫石、锚下混凝土、锚索垫块等局部承压构件或部位	梁、板、拱、墩台身、盖梁、塔柱、防撞护栏、挡块、伸缩装置锚固块、封锚、小型预制构件等	挡土墙、承台、锚碇块体、隧道锚塞体、沉井、基础、桥头搭板、边坡框格梁等
裂缝	表面延伸到内部的缝隙	存在非受力裂缝和宽度超过设计规定值的受力裂缝	存在宽度超过设计规定限值的非受力裂缝（设计未规定的，对防撞护栏及边坡框格梁、隐蔽结构或构件等为 0.3mm，其他结构或构件为 0.2mm）；全预应力及 A 类预应力混凝土构件存在受力裂缝，B 类预应力构件和钢筋混凝土构件存在宽度超过设计和相关规范限值的受力裂缝	
孔洞	深度超过保护层厚度的孔穴	存在孔洞		
露筋	钢筋未被混凝土包裹而形成的外露	存在露筋		
蜂窝	表面缺失水泥浆形成的局部蜂窝样粗骨料外露	存在蜂窝	主要受力部位：存在蜂窝；其他部位：单个蜂窝面积大于 0.02m²，或蜂窝总面积超过所在面面积的 1%，或深度超过 10mm 及 1/2 保护层厚度的蜂窝	单个蜂窝面积大于 0.04m²，或蜂窝总面积超过所在面面积的 2%，或深度超过 15mm 及 1/2 保护层厚度的蜂窝
疏松	由离析、振捣不足而形成的局部不密实	存在疏松	主要受力部位：存在疏松；其他部位：疏松总面积超过所在面面积的 1%；任一面积大于 0.02m² 的疏松；深度超过 10mm 及 1/2 保护层厚度的疏松	疏松总面积超过所在面面积的 2%；任何一处面积大于 0.04m² 的疏松；深度超过 15mm 及 1/2 保护层厚度的疏松
麻面	混凝土表面局部缺浆、粗糙或密集小凹坑		预制构件：麻面总面积超过所在面面积的 2%；其他结构或构件：麻面总面积超过所在面面积的 3%	非隐蔽结构或构件：麻面总面积超过所在结构或构件面积的 4%；隐蔽结构或构件：麻面总面积超过所在结构或构件面积的 6%

表 B.0.3（续）

名称	现象	限制缺陷		
		支座垫石、锚下混凝土、锚索垫块等局部承压构件或部位	梁、板、拱、墩台身、盖梁、塔柱、防撞护栏、挡块、伸缩装置锚固块、封锚、小型预制构件等	挡土墙、承台、锚碇块体、隧道锚塞体、沉井、基础、桥头搭板、边坡框格梁等
夹渣	混凝土中夹有杂物	存在夹渣	若杂物为钢筋、钢板等易腐蚀金属，视同为露筋；若杂物为土块木块、混凝土碎块及其他杂物等视同为蜂窝	—
外形缺陷	棱线不直、翘曲不平、飞边凸肋、啃边、蹦角	影响结构使用功能或构件安装的外形缺陷，深度超过1/2保护层厚边的啃边、蹦角		
其他表面缺陷	掉皮、起砂、污染	预制构件：缺陷超过所在面面积的2%；其他构件：缺陷超过所在面面积的3%		非隐蔽结构或构件：麻面总面积超过所在结构或构件面积的4%；隐蔽结构或构件：缺陷总面积超过所在结构或构件面积的6%

注：1. 非受力裂缝是指由荷载以外的作用产生的裂缝，受力裂缝系指由荷载产生的裂缝。
2. 主要受力部位包括梁、板、盖梁的跨中、支承区段，拱脚、拱顶区段，塔、柱底区段，连接区段等部位。

附录 C 水泥砂浆强度评定

C.0.1 评定水泥砂浆的强度，应以标准养护 28d 的试件为准。试件为边长 70.7mm 的立方体，每组 3 个试件，制取组数应符合下列规定：
1 不同强度等级及不同配合比的水泥砂浆应随机取样分别制取试件。
2 重要及主体砌筑物，每工作班应制取 2 组。
3 一般及次要构筑物，每工作班可制取 1 组。
4 试件组数应不少于 3 组。

C.0.2 水泥砂浆强度的合格标准应符合下列规定：
1 同强度等级试件的平均强度不低于设计强度等级。
2 任意一组试件的强度最低值不低于设计强度等级的 85%。

实测项目中，水泥砂浆强度评为不合格时，相应分项工程应为不合格。

附录 D 水泥混凝土抗压强度评定

D.0.1 评定水泥混凝土的抗压强度，应以标准养护 28d 龄期的试件、在标准试验条件下测得的极限抗压强度为准。试件为边长 150mm 的立方体。试件 3 个为一组，制取组数应符合下列规定：

1 不同强度等级及不同配合比的混凝土应在浇筑地点或拌合地点分别随机制取试件。

2 浇筑常规体积的结构物（如基础、墩台）时，每一单元结构物应制取 2 组；

3 上部结构主要构件长 16m 以下应制取 1 组，16～30m 制取 2 组。小型构件每批或每工作班至少应制取 2 组。

4 每根钻孔桩至少应制取 2 组；桩长 20m 以上者不少于 3 组，桩径大、浇筑时间长时，不少于 4 组。如换工作班时，每工作班应制取 2 组。

5 应根据施工需要，另制取几组与结构物同条件养护的试件，作为拆模、吊装、张拉预应力、承受荷载等施工阶段的强度依据。

D.0.2 水泥混凝土抗压强度合格标准按式（D.0.2-1）和式（D.0.2-2）计算。

$$R_n \geqslant 1.15R \quad (D.0.2\text{-}1)$$

式中：R_n——同批 n 组试件的平均强度（MPa）；
　　　R——混凝土设计强度等级（MPa）。

$$R_{min} \geqslant 0.95R \quad (D.0.2\text{-}2)$$

式中：R_{min}——n 组试件中强度最低一组的值（MPa）；
　　　R——混凝土设计强度等级（MPa）。

实测项目中，水泥混凝土抗压强度评为不合格时，相应分项工程评为不合格。

附录 E 防水层与混凝土间正拉黏结强度评定

E.0.1 现场使用的黏结强度检测仪（拉拔仪）技术性能应不低于现行行业标准《数显式粘结强度检测仪》（JTG 507）的规定，测点数量和布置应符合下列规定：

1 当一个施工段的面积不大于 500m² 时测 5 点，超过 500m² 时每增加 500m² 增测 2 点，每一连续施工的防水层桥面长度为一个施工段。

2 测点应随机布置，且间距不小于 5m。

E.0.2 被测部位表面应清除干净并保持干燥。预切缝形状为 50mm 的圆形，从清理干净的表面向混凝土基体内部切割预切缝，切入深度为 3~5mm，宽度为 1~2mm。切缝完毕，应再次清理表面。

E.0.3 应采用高强、快速固化的黏结剂粘贴圆形钢标准块，避免黏结剂进入预切缝。在黏结剂完全固化前不得扰动钢标准块。

E.0.4 钢标准块直径为 50mm，厚度不低于 20mm，应采用 45 号钢制作，其带有的传力螺杆应满足所用检测仪的要求。

E.0.5 检测应在防水层固化干燥后连接钢标准块。加载应以 10mm/min 的速度匀速进行，记录破坏时的荷载值和防水层温度，并观察破坏形式。检测完成后应对检测部位进行修补。

E.0.6 正拉黏结强度应按式（E.0.6）计算：

$$f_i = \frac{P_i}{A} \qquad (E.0.6)$$

式中：f_i——测点 i 的正拉黏结强度（MPa）；

P_i——测点 i 破坏时的荷载值（N）；

A——钢标准块的黏结面积（mm²）。

E.0.7 不应出现钢标准块与黏结胶间的界面破坏，否则重做。

E.0.8 防水层黏结强度的合格标准应符合下列规定：
1 平均强度应大于或等于设计强度值。
2 小于设计强度值的测点数量不超过5%。
3 最小强度不小于设计强度值的85%。

E.0.9 检查项目中防水层黏结强度评为不合格时，相应分项工程应为不合格。

附录 F 压实度评定

F.0.1 路基和路面基层、底基层的压实度应以重型击实标准为准。沥青层压实度应符合现行行业标准《公路沥青路面施工技术规范》（JTG F40）的有关规定。对于特殊干旱、潮湿地区或过湿土，可以现行行业标准《公路路基设计规范》（JTG D30）、《公路路基施工技术规范》（JTG F10）规定的压实度标准进行评定。

F.0.2 标准密度应做平行试验，计算其平均值作为现场检验的标准值。对于均匀性差的路基土质和路面结构厚材料，应根据实际情况增补标准密度试验，计算相应的标准值。

F.0.3 路基、路面压实度应以 1～3km 长的路段为检验评定单元，按检测频率进行现场压实度抽样检查，计算每一测点的压实度 K_i。细粒土现场压实度检查可采用灌砂法或环刀法；粗粒土及路面结构层压实度检查可采用灌砂法、水袋法或钻孔取样蜡封法。应用核子密度仪时，应经对比试验检验，确认其可靠性。

检验评定段的压实度代表值 K（算术平均值的下置信界限）为：

$$K = \bar{K} - t_\alpha S/\sqrt{n} \geq K_0 \quad (\text{F.0.3})$$

式中：$\bar{K}$——检验评定段内各测点压实度的平均值；

t_α——t 分布表中随测点数和保证率（或置信度 α）而变的系数，$t_\alpha/\sqrt{n}$ 取值见表 F.0.3，基层、底基层保证率为 95%，路基、路面面层保证率为 90%；

S——检测值的标准差；

n——检测点数；

K_0——压实度标准值。

路基、基层和底基层：$K \geq K_0$，且单点压实度 K_i 全部大于或等于规定值减 2 个百分点时，评定路段的压实度合格率为 100%；当 $K \geq K_0$，且单点压实度 K_i 全部大于或等于规定极值时，按测定值不低于规定值减 2 个百分点的测点数计算合格率。

$K < K_0$ 或某一单点压实度 K_i 小于规定极值时，该评定路段压实度为不合格，相应分项工程评为不合格。

路基施工段落短时，分层压实度应全部符合要求，且样本数不少于 6 个。

沥青面层：当 $K \geq K_0$ 且全部测点大于或等于规定值减 1 个百分点时，评定路段的压实度合格率为 100%；当 $K \geq K_0$ 时，按测定值不低于规定值减 1 个百分点的测点数计算合格率。

$K < K_0$ 时，评定路段的压实度应为不合格，相应分项工程评为不合格。

表 F.0.3　$t_\alpha / \sqrt{n}$ 取值

n	保证率 95%	保证率 90%	n	保证率 95%	保证率 90%	n	保证率 95%	保证率 90%
2	4.465	2.176	15	0.455	0.347	28	0.322	0.248
3	1.686	1.089	16	0.438	0.335	29	0.316	0.244
4	1.177	0.819	17	0.423	0.324	30	0.310	0.239
5	0.953	0.686	18	0.410	0.314	40	0.266	0.206
6	0.823	0.603	19	0.398	0.305	50	0.237	0.184
7	0.734	0.544	20	0.387	0.297	60	0.216	0.167
8	0.670	0.500	21	0.376	0.289	70	0.199	0.155
9	0.620	0.466	22	0.367	0.282	80	0.186	0.145
10	0.580	0.437	23	0.358	0.275	90	0.175	0.136
11	0.546	0.414	24	0.350	0.269	100	0.166	0.129
12	0.518	0.393	25	0.342	0.264	>100	$\dfrac{1.6449}{\sqrt{n}}$	$\dfrac{1.2185}{\sqrt{n}}$
13	0.494	0.376	26	0.335	0.258			
14	0.473	0.361	27	0.328	0.253			

本指南用词用语说明

1 本指南执行严格程度的用词，采用下列写法：

1）表示严格，在正常情况下均应这样做的用词，正面词采用"应"，反面词采用"不应"或"不得"。

2）表示允许稍有选择，在条件许可时首先应这样做的用词，正面词采用"宜"，反面词采用"不宜"。

3）表示有选择，在一定条件下可以这样做的用词，采用"可"。

2 引用标准的用语采用下列写法：

1）在标准总则中表述与相关标准的关系时，采用"除应符合本规程外，尚应符合国家现行有关标准的规定"。

2）在标准条文及其他规定中，当引用的标准为国家标准和行业标准时，表述为"应符合现行国家标准或现行行业标准《××××××》×××的有关规定"。

3）当引用本指南中的其他规定时，表述为"应符合本指南第×章的有关规定""应符合本指南第×.×节的有关规定""应符合本指南第×.×.×条的有关规定"或"应按本指南第×.×.×条的有关规定执行。

引用标准名录

1 《建设工程施工现场供用电安全规范》（GB 50194）
2 《建设工程施工现场消防安全技术规范》（GB 50720）
3 《城市道路交通组织设计规范》（GB/T 36670）
4 《钢筋混凝土用钢 第3部分：钢筋焊接网》（GB/T 1499.3）
5 《预应力混凝土用钢丝》（GB/T 5223）
6 《预应力混凝土用钢绞线》（GB/T 5224）
7 《生活饮用水卫生标准》（GB 5749）
8 《电弧螺柱焊用圆柱头焊钉》（GB/T 10433）
9 《预应力筋用锚具、夹具和连接器》（GB/T 14370）
10 《桥梁球型支座》（GB/T 17955）
11 《预应力混凝土用螺纹钢筋》（GB/T 20065）
12 《土木工程结构用玄武岩纤维复合材料》（GB/T 26745）
13 《活性粉末混凝土》（GB/T 31387）
14 《城市桥梁设计规范（2019年版）》（CJJ 11）
15 《城市桥梁桥面防水工程技术规程》（CJJ 139）
16 《城市梁桥拆除工程安全技术规范》（CJJ 248）
17 《钢筋焊接及验收规程》（JGJ 18）
18 《施工现场临时用电安全技术规范》（JGJ 46）
19 《建筑施工高处作业安全技术规范》（JGJ 80）
20 《钢筋机械连接技术规程》（JGJ 107）
21 《建筑拆除工程安全技术规范》（JGJ 147）
22 《建筑施工起重吊装工程安全技术规范》（JGJ 276）
23 《钢管满堂支架预压技术规程》（JGJ/T 194）
24 《预应力混凝土管桩技术标准》（JGJ/T 406）
25 《小交通量农村公路工程技术标准》（JTG 2111）
26 《公路钢筋混凝土及预应力混凝土桥涵设计规范》（JTG 3362）
27 《公路桥涵地基与基础设计规范》（JTG 3363）
28 《公路桥涵养护规范》（JTG 5120）
29 《公路养护工程质量检验评定标准 第一册 土建工程》（JTG 5220）
30 《公路工程技术标准》（JTG B01）

31	《公路工程水文勘测设计规范》（JTG C30）	
32	《公路路基设计规范》（JTG D30）	
33	《公路桥涵设计通用规范》（JTG D60）	
34	《公路圬工桥涵设计规范》（JTG D61）	
35	《公路钢结构桥梁设计规范》（JTG D64）	
36	《公路交通安全设施设计规范》（JTG D81）	
37	《公路交通标志和标线设置规范》（JTG D82）	
38	《公路沥青路面施工技术规范》（JTG F40）	
39	《公路工程质量检验评定标准 第一册 土建工程》（JTG F80/1）	
40	《公路工程施工安全技术规范》（JTG F90）	
41	《公路养护技术规范》（JTG H10）	
42	《公路养护安全作业规程》（JTG H30）	
43	《公路桥梁抗震设计规范》（JTG/T 2231-01）	
44	《小交通量农村公路工程设计规范》（JTG/T 3311）	
45	《公路桥梁景观设计规范》（JTG/T 3360-03）	
46	《公路限速标志设计规范》（JTG/T 3381-02）	
47	《高速公路改扩建交通组织设计规范》（JTG/T 3392）	
48	《公路路基施工技术规范》（JTG/T 3610）	
49	《公路桥涵施工技术规范》（JTG/T 3650）	
50	《公路钢结构桥梁制造和安装施工规范》（JTG/T 3651）	
51	《公路装配式混凝土桥梁施工技术规范》（JTG/T 3654）	
52	《公路装配式混凝土桥梁设计规范》（JTG/T 3365-05）	
53	《公路交通安全设施施工技术规范》（JTG/T 3671）	
54	《农村公路养护技术规范》（JTG/T 5190）	
55	《公路钢混组合桥梁设计与施工规范》（JTG/T D64-01）	
56	《公路交通安全设施设计细则》（JTG/T D81）	
57	《公路桥梁技术状况评定标准》（JTG/T H21）	
58	《预应力混凝土用金属波纹管》（JG/T 225）	
59	《钢纤维混凝土》（JG/T 472）	
60	《公路桥梁板式橡胶支座》（JT/T 4）	
61	《公路桥梁伸缩装置通用技术条件》（JT/T 327）	
62	《公路桥梁盆式支座》（JT/T 391）	
63	《预应力混凝土桥梁用塑料波纹管》（JT/T 529）	
64	《公路铁路交叉路段技术要求》（JT/T 1311）	
65	《超高性能混凝土梁式桥技术规程》（T/CCES 27）	
66	《超高性能混凝土（UHPC）技术要求》（T/CECS 10107）	
67	《公路超高性能混凝土（UHPC）桥梁技术规程》（T/CECS G：D60-02）	

涉及专利和专有技术名录

1 国家专利

[1] 中铁二十四局集团安徽工程有限公司，中铁二十四局集团有限公司．一种整孔现浇梁倒三角模板支撑架：201620199600.X［P］．2016-07-13．

[2] 中铁二十四局集团安徽工程有限公司，中铁二十四局集团有限公司．一种混凝土箱梁现浇施工抱箍支撑架：201821418292.0［P］．2019-04-16．

[3] 中铁二十四局集团安徽工程有限公司，中铁二十四局集团有限公司．一种混凝土箱梁现浇施工钢牛腿支撑架：202021723404.0［P］．2021-04-16．

[4] 中铁二十四局集团安徽工程有限公司，中铁二十四局集团有限公司．一种混凝土箱梁现浇施工装配式组合支撑架：202021722348.9［P］．2021-04-27．

[5] 中铁第四勘察设计院集团有限公司．一种UHPC-NC叠合桥面钢混组合梁负弯矩区截面验算方法：202110529370.4［P］．2021-05-14．

[6] 中铁第四勘察设计院集团有限公司．一种钢-混凝土组合梁负弯矩区UHPC+NC叠合桥面板：202121035618.3［P］．2021-05-14．

[7] 中铁二十四局集团安徽工程有限公司，中铁二十四局集团有限公司．一种钢管立柱与制式桁架梁组合的模板支撑架：202122045532.5［P］．2022-01-07．

[8] 中铁二十四局集团安徽工程有限公司，中铁二十四局集团有限公司．一种混凝土箱梁现浇施工全装配化塔式支撑架：202122567298.2［P］．2022-03-04．

[9] 中铁第四勘察设计院集团有限公司．一种连续小箱梁结构和预制装配式混凝土桥：202222672591.X［P］．2022-10-11．

本文件的发布机构提请注意，声明符合本文件时，可能涉及相关专利的使用。

本文件的发布机构对于该专利的真实性、有效性和范围无任何立场。

该专利持有人已向本文件的发布机构保证，他愿意同任何申请人在合理且无歧视的条款和条件下，就专利授权许可进行谈判。该专利持有人的声明已在本文件的发布机构备案。相关信息可通过以下联系方式获得：

专利持有人姓名：中铁二十四局集团有限公司

地址：上海市杨浦区邯郸路8号

专利持有人姓名：中铁二十四局集团安徽工程有限公司

地址：安徽省合肥市瑶海工业园区新海大道15号

专利持有人姓名：中铁第四勘察设计院集团有限公司

地址：湖北省武汉市武昌杨园和平大道 745 号

请注意除上述专利外本文件的某些内容仍可能涉及专利。本文件的发布机构不承担识别这些专利的责任。

2 工法

[1] 中铁二十四局集团安徽工程有限公司，中铁二十四局集团有限公司. GGG（中企）C3408-2022 山区钢板组合梁桥同机一体、循环架设施工工法［Z］. 北京，中国公路建设行业协会，2022.